尘肺 农民工
——口述记录——

郭于华　吴小沔　赵茗煦 ◎ 主编

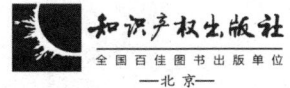

知识产权出版社
全国百佳图书出版单位
—北京—

图书在版编目（CIP）数据

尘肺农民工口述记录/郭于华，吴小沨，赵茗煦主编. —北京：知识产权出版社，2020.10（2021.1重印）

ISBN 978-7-5130-7202-1

Ⅰ.①尘… Ⅱ.①郭… ②吴… ③赵… Ⅲ.①纪实文学—作品集—中国—当代 Ⅳ.①I25

中国版本图书馆 CIP 数据核字（2020）第 182448 号

内容提要

本书记录了 12 位尘肺农民工的口述，反映了尘肺农民工的个人、家庭、工作和生活的实际状况，并从社会发展现状、农民工实际背景出发进行了全面的分析，揭示了尘肺农民工的困境，提出了关注尘肺病农民工的呼吁，表达了作者心系弱势群体的大爱情怀。对扶助困难人群、促进社会和谐、落实精准扶贫政策、提高社会现代化治理水平有重要的积极意义。

责任编辑：贺小霞		责任校对：谷　洋	
封面设计：臧　磊		责任印制：刘译文	

尘肺农民工口述记录

郭于华　吴小沨　赵茗煦　主　编

出版发行：	知识产权出版社 有限责任公司	网　　址：	http：//www.ipph.cn
社　　址：	北京市海淀区气象路 50 号院	邮　　编：	100081
责编电话：	010-82000860 转 8129	责编邮箱：	2006HeXiaoXia@sina.com
发行电话：	010-82000860 转 8101/8102	发行传真：	010-82000893/82005070/82000270
印　　刷：	天津嘉恒印务有限公司	经　　销：	各大网上书店、新华书店及相关专业书店
开　　本：	720mm×1000mm　1/16	印　　张：	13
版　　次：	2020 年 10 月第 1 版	印　　次：	2021 年 1 月第 2 次印刷
字　　数：	160 千字	定　　价：	68.00 元

ISBN 978-7-5130-7202-1

出版权专有　侵权必究

如有印装质量问题，本社负责调换。

目 录

导论：携手同行，以爱除尘
　　——中国尘肺病现状与近年救助趋势 ……………………… 1

背景：巴山县概况与尘肺病现状 ……………………………… 11

重庆市巴山县尘肺病患者口述史记录 ……………………… 17

　　吴上勇："出去打工的想法就是想能把债还了，那时候
　　　　　　有啥子概念？都不知道会得那个尘肺嘛！" ……… 18

　　王阳林："我19岁当兵，在铁道兵当了4年出渣工。
　　　　　　年轻时不发觉，得了矽肺诊治要有部队凭证
　　　　　　才行，但铁道兵都取消了，我去哪里开？" ……… 33

　　文敏豪："为了生活，再苦再累我都拼命去干，金矿、
　　　　　　铁矿、煤矿都进过。后来才明白，上当了，
　　　　　　就是这个病把我连累到了。" …………………… 42

　　雷英昂："我害了十年病，我就觉得人的一生就是一
　　　　　　个……无所谓了。我现在就是啥子都做不

刘定石："关键是喘气、咳血，冬天就会感冒。我们建卡贫困户基本都是养鸡，我还在景区开三轮车；还是要把家撑起，不要让老的小的饿到冷到就好了嘛。" ………… 69

王光化："我身体再不行，还是希望孩子念书好嘛，考上个好大学，她有出息了咱们就不操心了嘛！" ………… 79

刘庆户："那时候打干眼子，整个洞子到处都是灰尘，你出来后全身都是干灰。那时候人年轻，没有感觉不好。建档立卡落实到我头上一个月有360块钱，能报销一部分医药费。现在活都干不了，能动一下就去地里做一下。" ………… 94

罗昂福："在矿里炮一放，那个黄烟子就出来，那就整糟了！生病后就是感觉发不了力，咳嗽，气喘不赢。我就是命撒！" ………… 106

刘地沪："我小学没念完就跟我妈一起去矿上了。我妈妈去世就是咳嗽病……现在想来可能是同样的问题。" ………… 118

王胜兴："相关法律我基本上还懂，都是我自己跑（材料）、自己（法庭）陈述，有这个病的都得跑个一年半载（手续）才能下来。现在能拿到工伤保险两千多块，每月厂方还给我补助一千多块，所以我算是最幸运的噻。" ………… 124

刘敬福："在山上背矿，就是挣几个钱，哪管得了那么多喽。我当过卫生兵，在部队学了点知识，回到村里啥子都忘在脑后了。矽肺这个玩意儿啊，治不愈的，把它控制好就不错了。得这个病，得心态好，如果心态不好，身上有包袱，那就死得快，你几天就完蛋了。" ············ 134

廖廷居："我们兄弟五个，只有老四没有（矽肺），他学驾驶搞运输；我高中毕业，学过中医，知道粉尘那个东西（有害），就要求工人都戴口罩，但防护效果还是不行。我轻一些，我家大哥已经去世了。" ············ 147

结语：尘肺之痛是整个中国之痛 ············ 167

附录：尘肺病防治手册 ············ 185

导论：

携手同行，以爱除尘[*]
——中国尘肺病现状与近年救助趋势

---

[*] 本课题由清华大学社会学系和北京大爱清尘公益基金会（北京大爱清尘尘肺病服务中心）共同完成。课题主持人郭于华（清华大学社会学系教授），课题组成员吴小沔（清华大学社会学系博士研究生），赵茗煦（清华大学社会学系硕士研究生），谢少平（大爱清尘原秘书长助理），窦璐（大爱清尘政策研究中心主任）。大爱清尘在当地的志愿者和县卫健委大力协助了本次调查，特此致谢。

尘肺病是一类因粉尘吸入，滞留肺内所致的肺部疾病。人类患尘肺病的历史，最早可追溯到古代的采矿、金属加工和石材建筑业。北宋（公元 11~12 世纪）孔平仲在《谈苑》中记载："贾谷山采石人，石末伤肺，肺焦多死。"就已指出了尘肺的病因及其对人类机体的危害。1866 年，德国学者 Friedich Albert von Zenker 用希腊语中表示"肺"（pneumon）和"尘"（conis）的两个词组合成"Pneumonokoniosis"（尘肺）一词，表示粉尘在肺部的潴留。1933 年，牛津英语词典将"Pneumoconiosis"解释为因吸入粉尘所致的肺病，是当时工业卫生界最为认可的定义。[1] 作为世界上最古老的职业病，医学界就尘肺病的防范与治疗已达成一定的共识：迄今尚无针对尘肺病纤维化有效的治疗药物和措施，因此只能通过有效防御，从源头上消灭尘肺病。而对于已罹患该病的患者，通过全面的健康管理，基本可以保持正常的生活质量和相对健全的社会活动能力。简而言之，在目前的医疗条件下，作为一种病因明确的疾病，尘肺病完全可以得到预防和控制。[2]

---

[1] 王焕强，李涛. 尘肺病的定义与历史 [J]. 中国职业医学，2017，44（04）：485-493.

[2] 毛翎，彭莉君，王焕强. 尘肺病治疗中国专家共识：2018 年版 [J]. 环境与职业医学，2018，35（08）：677-689.

然而，目前尘肺病仍然是我国最常见且危害最严重的职业病。据国家卫健委统计，截至 2018 年年底，全国累计报告职业病 97 万余例。其中，约 90% 是职业性尘肺病（87 万余例）。❶ 而据一些民间机构的保守估算，全国尘肺病农民总数至少 600 万人。❷ 并且，这一数字并不会停止增长，因为致病源头尚未被切断。2016 年工业企业粉尘危害情况抽样调查表明，57.4% 的工业企业（约 138 万家）存在粉尘和化学毒物危害，接触危害人数约 2300 万。❸ 这些长期暴露于粉尘环境中的工人们都是潜在的尘肺病患者。再加上尘肺病发生多需要 10～20 年甚至更长的接尘工龄，且脱离粉尘接触后仍可以发病，因此预计在未来的 20 年甚至更长时间内仍将有大量新尘肺病例发生。❹

尘肺病对于患者及其家庭乃至整个社会而言，都是沉重的负担。患者首先要面对的是疾病对身体的摧残与对生命的威胁。有专家指出，中国尘肺病农民死亡率高达 22.04%，每一个小时就会有 1.5 个罹患尘肺病的农民被活活憋死。为了能够喘上一口气，他们在生命的最后阶段几乎都是"跪着走向死亡"的。❺ 其实，在现有的医疗水平下，若能接受良好的临床治疗与监护，许多尘肺病患者的寿命基本可以达到社会一般人群的平均水平。然而，大部分农民家庭并

---

❶ 《职业病防治形势及主要工作措施——国务院新闻办公室 2019 年 5 月 13 日国务院政策例行吹风会材料》，来源：中华人民共和国国家卫生健康委员会，2019 年 5 月 13 日，网址：http://www.nhc.gov.cn/xcs/s7847/201905/5f442e1fc5684426a418e0d9cffa7072.shtml。

❷ 《尘肺病农民现状》，来源：大爱清尘，网站：http://daaiqingchen.org/list.php?fid=92。

❸ 《职业病防治形势及主要工作措施——国务院新闻办公室 2019 年 5 月 13 日国务院政策例行吹风会材料》，来源：中华人民共和国国家卫生健康委员会，2019 年 5 月 13 日，网址：http://www.nhc.gov.cn/xcs/s7847/201905/5f442e1fc5684426a418e0d9cffa7072.shtml。

❹ 毛翎，彭莉君，王焕强. 尘肺病治疗中国专家共识：2018 年版 [J]. 环境与职业医学，2018, 35 (08): 677-689.

❺ 《大爱清尘简介》，来源：大爱清尘，见 http://daaiqingchen.org/list.php?fid=9。

没有能力承担高昂的治疗和后期康复费用。根据相关的调查研究，我国每例尘肺病患者年均医疗费用1.905万元，其他和间接费用4.579万元。以尘肺病例诊断后平均32年生存期计算，平均每例患者患病后将造成的经济负担为207.5万元。❶ 这一计算还并未考虑尘肺病患者多为家庭的主要劳动力，他们的患病不仅增加了家庭的经济负担，还可能中断了家庭主要经济来源这一事实。有学者研究发现，尘肺病导致患病农民家庭相比非患病农民家庭人均收入下降了65.7%。❷ 尘肺病本属工伤，是完全的企业责任，可遗憾的是鲜有企业为尘肺病农民担责。这一则是由于尘肺病潜伏期长，很多20世纪外出务工的农民工到近年才出现尘肺病症状，原务工企业已无法找到；二则是农民工流动性大、依法维权意识不强，劳动合同签订率低，导致职业病诊断率较低。此外，据国家统计局统计，2017年全国农民工2.87亿人，大量农民工没有参加工伤保险，❸ 导致患尘肺病后不能享受相关保险补贴。这对许多本就贫困的患病农民而言无异于雪上加霜。大量尘肺病患者不能接受有效治疗的现实，使得尘肺病从个人与家庭的悲剧，上升为严峻的社会问题。因病致贫、因病返贫的案例数不胜数，尘肺病"寡妇村"、尘肺病孤儿大量出现，由此引发的群体性事件亦时有发生。这些为中国现代化进程作出巨大贡献与牺牲的人们，曾经是一个个家庭的支柱与希望，如今却成了家庭与社会的沉重负担。他们的悲惨现实，需要得到政府与社会的关注。

---

❶ 毛翎, 彭莉君, 王焕强. 尘肺病治疗中国专家共识：2018年版 [J]. 环境与职业医学, 2018, 35 (08): 677–689.
❷ 周玲, 金承刚. 尘肺病对患病农民家庭经济状况的影响 [J]. 中国社会医学杂志, 2015, 32 (04): 300–303.
❸ 《职业病防治形势及主要工作措施——国务院新闻办公室2019年5月13日国务院政策例行吹风会材料》，来源：中华人民共和国国家卫生健康委员会，2019年5月13日，见 http://www.nhc.gov.cn/xcs/s7847/201905/5f442e1fc5684426a418e0d9cffa7072.shtml。

在针对尘肺病农民工的正式政策规定出台前，诸多社会公益组织可弥补相应空白。一方面，社会组织可作为先行者，在政策从研究制订到落地实施的间隙，先行行动起来，帮助一部分困难患者和家庭；另一方面，作为辅助者，社会组织能在政策尚未触及和政府尚未顾及的领域中，发挥自己贴近底层民众的优势，提供更为实际和细致的帮助，以辅助政府解决尘肺病问题。此外，还可结合自己的实践经验，为政府有关政策的制订与施行建言献策。在此方面，"大爱清尘"是国内成立最早、最为专业的社会组织之一。创始于2011年6月15日的"大爱清尘"，缘起于著名记者王克勤联合中华社会救助基金会共同发起的"大爱清尘·寻救尘肺病农民兄弟大行动"。秉持"对生命的敬畏与热爱，对苦难的不忍与痛心"，心怀"天下无尘，自由呼吸"的愿景，肩负"扶助尘肺家庭，消除粉尘危害"的使命，"大爱清尘"力争一百年内在中国彻底消灭尘肺病。目前，该机构已形成以"救命、助学、助困、救心、康复、创业、制氧机"7大板块为中心的全方位救援体系；并提出"能救一个是一个，能帮一点是一点"的积极倡导。更为重要的是"大爱清尘"努力推动尘肺病农民问题政策立法的完善与执行，致力于实现制度性遏止尘肺病再生。多年来，"大爱清尘"持续开展中国尘肺病农民工现状调研，出版中国尘肺病白皮书；联合人大代表、政协委员及专家学者，共同推动公共政策、推进尘肺病立法与制度完善；联手地方政府开展尘肺病农民工救助与尘肺病问题治理工作。截至2019年12月31日，累计救治4572人，累计助学11438人次，发放制氧机4349台，发放助困物资81026件并且持续递交尘肺病治疗的政策建议，大力推动有关政策的出台。❶

---

❶《"大爱清尘"8年帮扶8万多尘肺病患者》，来源：新华网，2019年7月22日，见 http://baijiahao.baidu.com/s?id=1639728973933818697&wfr=spider&for=pc。

随着社会公益组织和相关学者对尘肺病问题的深入研究，尘肺病的形成原因和患病农民面临的结构性救助困境、生计难题也一一显露在公众视野中。在 2013 年和 2014 年的全国"两会"上，有多名政协委员提交了关于救治尘肺病患者的提案。政协委员张家敏在提案中指出尘肺病患者面临的缺失劳动关系、诊断鉴定困难而导致自身病情和家庭经济不断恶化的情况，提出政府应借鉴香港地区在 1980 年颁布的《肺尘病（赔偿）条例》，成立尘肺病国家救助制度和尘肺病专项救助基金，由国家进行救治和向企业追责；同时严格落实劳动合同法和工伤保险条例，以督促相关企业履行责任，保障劳动者应有权益。❶

在各界人士的大力推动下，尘肺病群体在社会上的可见度日渐提高，我国政府也加大了对尘肺病患者的关心，并计划从源头上遏制尘肺病等职业病问题。在 2019 年 5 月国务院政策例行吹风会上，国家卫健委负责人表示我国将打响尘肺病防治攻坚行动。❷ 由于尘肺病是工人多年在矿山等粉尘较多的工作场所防护不足导致，是粗放式发展模式之下长期、慢性的结果，而目前国内已经存在大量因尘肺病致贫、亟待救助的农民工家庭，因此一方面要防治，从根本上加以预防，减少新发的尘肺病病人；另一方面要救助，加大力度救治已患尘肺病的农民工群体，避免大量农民工家庭"因病致贫，因病返贫"的悲剧再次出现。

在防治攻坚行动开始前，国家对解决尘肺病这一难题的关注其实酝酿已久。2009 年，国务院办公厅发布了《国家职业病防治规划（2009—2015 年）》，认为矽肺等职业病的主要原因在于用人单位意

---

❶ 《尽快建立尘肺病国家救助基金》，来源：人民政协报，2014 年 8 月 4 日，见 http://cppcc.people.com.cn/n/2014/0804/c34948-25393412.html。

❷ 《中国打响尘肺病防治攻坚战》，来源：人民日报海外版，2019 年 5 月 14 日，见 http://www.gov.cn/zhengce/2019-05/14/content_5391271.htm。

识淡薄、政府监管不力和工业生产水平相对粗放落后,强调应实施粉尘危害综合治理工程,开展尘肺病防治技术和发病规律的调查研究,推动产业转型和技术升级等。在当时,关于尘肺病的形成原因并无明确的科学说法,患病农民工的贫困问题也未受到广泛重视,因此这一防治规划还停留在较为概括的起始阶段。

2016 年,国务院办公厅又颁布了《国家职业病防治规划(2016—2020 年)》,正式提出要分类治理以尘肺病为主的职业病人群,防治和救助两手抓,而针对尘肺病的形成原因,要求严格治理矿山、有色金属等工作场所,明确用人单位的相关责任,加大政府监管力度。针对潜在的患病或易患病工人群体,应建立和完善职业病诊断程序,面对农民工人群开展健康宣传教育。针对尘肺病患者无法得到生活与医疗保障而"因病致贫、因病返贫"的问题,要求用人单位合法落实劳动合同的签订,并明确劳动合同中关于职业病危害保护的内容;同时完善工伤保险的制度实践,确保符合条件的患病工人被纳入医疗救助范围,从而能够享有大病保险待遇。最后,将患病时间较早、用工单位无从查考且缺乏工伤保险保护的尘肺病患者家庭纳入最低保障和实行紧急救助范畴。❶ 相比于前一规划,2016—2020 年的防治规划为我国的尘肺病防治和救助工作提供了更清晰、更明确的奠基性纲要。这份文件发布后,全国各省市也陆续出台了 2016 年、2017—2020 年的职业病防治规划,针对各地不同情况落实相应的措施条例。

防治规划确立后,我国关于具体政策的制订及落实工作也进一步细化。2017 年 1 月,国家安全生产监督管理总局通过了《建设项

---

❶ 《国家职业病防治规划(2016—2020 年)》,来源:中国政府网_ 中央人民政府门户网站,2016 年 12 月 26 日,见 http://www.gov.cn/zhengce/content/2017 – 01/04/content_5156356.htm。

目职业病防护设施"三同时"监督管理办法》,"三同时"即建设项目职业病防护设施必须与主体工程同时设计、同时施工、同时投入生产和使用,以从源头做到保护劳动者健康、减少职业病危害;❶ 同年国务院发布的《"十三五"卫生与健康规划》中,提出要开展职业病危害普查和防控,加强尘肺病等重点职业病监测和职业健康风险评估,由原国家卫计委、国家安监总局负责。❷

2018 年 11 月,国务院副总理孙春兰出席了职业病防治工作推进会并发表讲话,着重强调了防控职业病应关口前移,完善防护标准,简化诊断程序,落实工伤和医保政策,做好对尘肺病患者等人群的救助保障;同年,国家卫健委颁布了《关于在矿山、冶金、化工等行业领域开展尘毒危害专项治理工作的通知》,规定了职业病危害项目申报和劳动者身体检查、培训宣传的指标,将 2019 年 8 月到 2020 年 7 月作为整改时间,要求充分做好职业病危害治理工作。

2019 年,尘肺病防治(攻坚行动)工作正式开启,7 月,国家卫健委等 10 部委发布了《尘肺病防治攻坚行动方案》,提出了"摸清底数,加强预防,控制增量,保障存量"的思路。在尘肺发病预防这一方面,要在 2020 年年底,完成粉尘危害专项调查,摸清用人单位粉尘危害和职业病患者的基本情况,随后对重点行业粉尘危害进行专项治理,对不具备相应安全与环保条件的用人单位责令停产整顿,同时完成尘肺病防治目标与脱贫攻坚任务;在尘肺病患者救助工作上,要加强疾病监测、筛查和随访,提高基层的诊断和医治

---

❶ 《国家安全生产监督管理总局令(第 90 号)建设项目职业病防护设施"三同时"监督管理办法》,来源:国家安全生产监督管理总局安全监管总局政策法规司,2017 年 3 月 9 日,见 http://www.fjsen.com/zhuanti/2018-04/09/content_20913160.htm。

❷ 《国务院关于印发"十三五"卫生与健康规划的通知》,来源:中国政府网_中央人民政府门户网站,2017 年 1 月 10 日,见 http://www.gov.cn/zhengce/content/2017-01/10/content_5158488.htm。

技术，实现"地市能诊断，县区能体检，镇街有康复站，村居有康复点"，同时，为所有确诊的患者"一人一档"建立档案，并根据是否拥有工伤保险、是否有明确用人单位划分不同患者人群，实施分类救助，减轻患者负担；在劳动者与用人单位的责任关系上，规定粉尘危害严重的单位必须配备专职管理人员，必须及时、如实申报粉尘危害项目，必须与劳动者依法签订劳动合同、缴纳工伤保险、告知劳动者粉尘危害和开展防护培训，推行劳动安全卫生专项集体合同制度；方案落实后，分别在 2019 年和 2020 年组织抽查和评估。❶《尘肺病防治攻坚行动方案》更加详尽清晰地规定了政府在两年内的工作与目标，为遏制我国尘肺病高发态势、切实保障劳动者权益迈出了关键的一步。

救助在贫困和病痛中挣扎的尘肺病农民工及其家庭，从源头上、从制度上预防结构性的职业病问题，需要政府和公益组织携手互助，共克难题，也需要各界学者进行深入的调查、研究与宣传。本书正是在尘肺病问题浮出水面和调查研究者关注这一社会问题近十年之久，也是在上述问题政府有关新决策的大趋势下展开的。

2018 年 8 月，"大爱清尘"携手清华大学社会学系师生来到了重庆巴山县。通过走村入户的深度访谈，了解当地尘肺病患者的患病经过与生活现状，对他们的工作经历和生活史进行了详细的记录。最终，项目组选择了十二位尘肺病农民工的口述材料集结成册，希望通过十二位患者的个体生命故事，呼唤社会对这一群体的关注，并引起农民工及全社会对职业病的警醒和防范。巴山只是中国的一个县城，十二位患者也只是六百万尘肺病农民工患者的一个缩影，

---

❶《关于印发尘肺病防治攻坚行动方案的通知》，来源：职业健康司，2019 年 7 月 11 日，见 http://www.nhc.gov.cn/zyjks/s7788/201907/761eaa530f6f482bbd7b1669aecca399.shtml。

倾听和理解他们的故事却能够帮助我们一窥这一庞大群体的过去、现在和可预见的未来。更希望这些材料对尘肺病的防治有一定的参考价值，让更多的人关注这一群体。

  截至本书出版前十二个尘肺农民工受访家庭中已有三位讲述者病重离世，谨以此记录告慰他们苦难的灵魂，并祈盼悲剧不再上演。

背景：
巴山县概况与尘肺病现状

巴山县地处大巴山南麓，其历史最早可溯至秦代。巴山县曾是中国共产党重要的革命根据地，1933年，红军于大竹河建置巴山县，次年9月召开了第一次苏维埃（工农兵）代表大会，巴山县苏维埃政府正式成立，至1935年红军长征北上结束。1949年12月13日，巴山和平解放，成立巴山县政府，属四川省万县地区行政公署，1997年以后属重庆市，位于重庆东北边缘，西、南毗邻四川省，东、北与陕西省接壤。县境万山环抱，沟壑纵横，溪河密布，中、高山地区地势起伏，为四川盆地北亚热带山地气候。该地山高谷深，日照充足，年均降雨日166天，雨量充沛。但旱地大部分为土壤薄瘠的陡坡地，不耐旱涝，水土流失严重，导致农业生产条件十分有限。相反，因位于大巴山区，巴山的林地和野生动植物资源较为丰富，生态气候和山水景色极佳，保留有九重山自然风景区、亢谷自然风景区、神田草原风景区等大量尚未开发的旅游资源。

由于巴山山地陡坡多、耕地资源不足（1990年巴山县人均耕地面积为1.69亩），当地农户多沿河道两岸垒石造田、开荒垦地，耕作以洋芋套种玉米为主，或小麦套种玉米、间种红苕。县内河谷沿岸一度还种植水稻，后来水田多改为了旱地。此外，还种植油菜、芝麻、烟草、核桃、板栗、茶叶等经济作物。当地农户素有养猪的习惯，家禽饲养以鸡为主，包括当地的特产山地鸡，数量占整个家禽的85%。粮食作物大多是农户自产自销，或者制成家畜和家禽饲料，每年下来几乎没有什么盈利。锰矿开发与加工是当地工业的支柱项目，巴山县锰矿资源丰富，西起高燕，东至石坊，锰矿总储量2092万吨，属于全国四大重点矿区之一。20世纪80年代，全县建立起2家国营矿厂：四川省地方国营巴山锰粉厂（1977年建，后1999年通过产权制度改革为私营企业，今为燕山锰业有限责任公司）、巴山锰铁合金厂（1985年建），还有5家乡镇集体企业。此外，巴山县还探明钡矿储量3887万吨，为亚洲最大的钡矿，自1982年乡镇企业局和巴山区着手开发以来，成为仅次于锰矿加工的当地重要的工业经济动力。❶

巴山县农业生产受限，且工业起步晚，经济发展相对落后。1990年，全县总人口23万人，其中非农业人口17155人，城镇化率仅有7%；截至2013年，巴山县共有户籍人口25.12万，其中农业人口18.22万，非农人口6.90万，城镇化率约为27.5%。长期以来，巴山县都是国家扶贫开发工作重点县、重庆市深度贫困县。1990年，巴山县刚刚越过温饱线，农民人均持粮375公斤，纯收入263元，而同年我国农民人均纯收入是686元。20世纪80年代末90年代初，大批农民因贫外出打工，他们大多去往山西、陕西等地金矿、煤矿从事采矿工作，还有一部分农村居民是在巴山县本地的锰矿打工。据被访谈的农民工介绍，90年代外出打工时一个月可以挣"千把"元，比起留在家乡务农、勉强维持温饱，吸引力要大得多，完全没有考虑过自己所从事的劳动对于身体健康和未来生活产生怎样的影响。

巴山县的农民外出打工以后，多数在矿上从事打眼、放炮、背

---

❶ 资料来源为巴山县（化名）县志。

矿等重体力劳动，加上厂矿防护措施不足，作业环境较差，极易遭受粉尘等职业病危害，最后纷纷患上尘肺病（也称矽肺病）。由于粉尘的积累和肺部病变是一个漫长的过程，工人通常数年后才会察觉到胸闷、气喘等症状，有的潜伏期可能长达十余年，到肺部发病、丧失劳动能力时，也无从追问源头。

2010年前后，全国农民工尘肺问题开始引起社会广泛关注，巴山县也有越来越多打工农民出现了尘肺症状。2014年，巴山县政府为本地农民工患者提供了一次免费诊断，并分别为一期、二期和三期尘肺病患者给予1000元、3000元和5000元的一次性补助，此外，巴山县政府也做出一系列举措救助因病致贫的尘肺病患者，包括设立建档立卡户，使家境困难的尘肺患者可以部分报销医药费和子女的学费，获得子女上学补助、就业岗位和县领导的一对一帮扶等。在救助尘肺病农民这一问题上，巴山县政府比我国其他地区率先跨出一步，对尘肺病的重视与付出的努力难能可贵，对尘肺病高发地区具有示范作用，值得关注和肯定。

截至2018年，巴山县有确诊尘肺病患者2983人，其中观察对象494人，一期尘肺病患者1027人，二期尘肺病患者1091人，三期尘肺病患者371人。在这些尘肺病患者中，有建卡贫困户653人，占患者总数的21.9%；有明确劳动关系和医疗保障的仅94人，占患者总数的3.15%；高达96.85%的患者无固定务工单位，根本无法通过确认劳动关系、职业病诊断的途径获得赔偿，维权的可能性几乎为零。❶ 在已经确诊的近3000名患者中，除1名女性外，其余均为男性。然而实际患病情况应还不止如此，在我们的调查中，一些曾经在锰矿工作过或居住在锰矿附近的居民，包括农村妇女，他们

---

❶ 根据大爱清尘2018年关于巴山县的尘肺病现状及对策建议报告。

并未参加 2014 年的职业病诊断，但目前也已发现尘肺病症状。在现有的医疗条件下，尘肺病无法治愈只能延缓，一般都会发展到二期、三期，此时尘肺带来的并发症死亡率极高，尘肺病患者不得不承受着巨大的身体负担：从胸闷、"气喘不赢"（方言，喘不上气）、失去劳动能力，到肺气肿等并发症、咳血、无法正常行动，甚至随时可能失去生命。冬天则是尘肺病患者发病最严重的时候，"不能感冒，一感冒就咳嗽，一咳嗽就肺气肿。肺气肿这个病，你坐着动都不能动，一动就喘不上气"；"冬天最恼火了，冬天坐到想死。就像月母子（坐月子的女人）还要 ba（垫，以保暖）屁股。不能出来，不然风一吹就感冒、发炎"。

除了个人身体上的痛苦，尘肺病患者还要面对家庭经济的重负：在已查出的患者之中，90% 的农民工年龄集中在 30~55 岁，最小的 29 岁，几乎都是家庭中的主要劳动力和经济支柱，一旦他们无法劳动，家庭不但失去了最主要的经济来源，还会为高额的医药费花光打工得来的微薄积蓄，生活极其拮据困难。而患病后医疗保障缺失、外界救助不足、维权可能性渺茫等问题，又进一步扼杀了尘肺病农民及其家庭走出苦难的希望。

在展示十二位巴山县尘肺病农民工及其家庭的口述史之后，本书为读者提供一些分析性的解读：从农民工的打工和患病经历，看到背后的结构性原因与困境，进而我们会发现，尘肺病农民的问题不仅仅是农村问题，还是城市化乃至整个中国发展的问题。而数百万尘肺病患者在经济发展进程中付出的代价，值得我们深思。尘肺之痛，是中国之痛。因此，若想彻底解决尘肺病问题，政府与社会必须携手同行，从根源上解决问题。根除尘肺病，我们必须一同行动！

重庆市巴山县尘肺病患者口述史记录

> 吴上勇：
> "出去打工的想法就是想能把债还了，那时候有啥子概念？都不知道会得那个尘肺噻！"

访谈时间：2018 年 8 月 22 日

访谈地点：吴上勇家

基本情况：吴上勇，1963 年生，患尘肺病三期，2007 年发病。1995—2011 年在陕西等地金矿打工，也做过"小包工头"。目前未得到工伤赔偿，为该村建档立卡户，医药费能部分报销。现和妻子居住在山上老宅，是 2005 年在旧宅基础上重建的水泥房，交通不便。个人积蓄已经耗尽，靠两个在外打工的女儿补贴家庭日常开支。

我是1963年出生，属兔。1995年出去打工。我当时结婚了，孩子都有了，有了两个女娃，但孩子还很小。那个时候在县里打工，一个月就是两三百元。在本地也可以打工，但活儿很少。活儿不固定，那时候就是大理石厂，一个月就是两三百块钱，基本上工资不够用。我们村子那时候有人在外面，说挣钱可以，我们就出去了。1995年出去，在陕西的潼关，基本上都是私人老板。那时候没有防护措施。

（问：那时候私人老板开什么矿？）金矿。现在那里还在开。那时候就是跟私人老板干，社会秩序也乱，你像说是如果认不到（注：不明白，方言）或者势力不和的，把对方压不下来的，就跟他到河北干，他不给钱，一个月好的时候有千把块钱，一般都是几百。如果说是我跟你老板干了活，我这方实力硬，那么你就得一分不少的给我。如果乱了，你少给或者不给，要钱的时候还可能把你打一顿，把你轰走。那时候在洞子里面，通风设备不好。你放了炮后，里面的烟排不出来。我是干钻工，打眼、放炮。（问：那时候有没有简单的口罩？）根本都没有，什么都没有，那时候安全意识都不行。

（问：你上了几年学？）我初中读完了，高中也读完了，那时候算书读得多。不比现在，经济实力不行了，也就把你限定了。人啊，经济实力没的,你说啥都没用。要有了经济实力了,那么你说话还有人听你的。(问:那你在出去打工的人里算文化高的吧?)基本上算得上。(问:那你更应该知道这样有害啊,和老板干活得有个合同啊之类。)那倒没有,九几年不兴合同。如果说老板找到你,就是看运气咋样。大的老板钱多了,他也给你。还有就是没得钱的,他也就不给,就是看哪方的实力硬了。如果工人真的能打得过他,他也一分不少地给你。实际上,出门打工,到2005年才基本上完备地形成一个安全管理规则。九几年,国家根本没有安全生产的说法。外出打工的工资也没有个保障。直到2005年,我记得是6月,我们国家才施行《安全生产法》(注:《中华人民共和国安全生产法》于2002年6月公布,11月开始施行)。那时候,私人社会秩序乱。反正出去,你拿着钱走到哪里,都可能有人给你抢了,根本都没人管。

图1 吴上勇(左一)和妻子。

(问:你出去打工之前家里就靠种地吗?)种地,玉米、苞谷,水稻也有。这里有稻田,还算多,你们上来的一路都是。我们平均有二十几丈（注：1亩=60平方丈），差不多要达到半亩。（问：是一个人还是一家？比如说你家有多少水田？）全家加起来有八十几丈，每个人差不多能拿到半亩。旱地有亩大点儿吧，旱地就是种苞谷、洋芋。那时候就根本上没赚钱。种得好就能吃，种得不好还敷不住。我们那时候还要交粮，交点儿公家粮，还要交钱。（问：那时候你们家的状况在村里算怎么样？）基本上算是差的。因为你二十几岁结了婚，就把你分出来，分到的地又不好，又有娃。娃大了后，家里人口多，要好多钱。一个娃是1984年的，一个是1989年的。两个女孩都上学了，都上到初中，学习也不好嘛，她们也不想念（书），就出去打工了。那时候，巴山的基本上都是选择出门打工。你在家里面维持不下去。（问：你父母之前都是这个村的吗？）都是这个村的，现在都不在了，也就是1995年去世的，父亲那时候都87岁了。我是弟兄里最小的，老五，五个兄弟里有一个在庙坝镇上。

（问：出去打工是自己一个人，还是跟村子里的人？）村子里认得到的问一下，一块出去的，两三个人。基本上算是亲戚，都是熟一点的。村子里八几年就有人去潼关。巴山出去最早的是双河和周溪的，他们知道这么个过后，后来大家才知道说挣钱。确实也能挣钱。那时候你背着老板卖矿，一天也能卖几百块钱。但如果给他发现了，就要挨打。不发现呢，你几个小时就可以卖几百块。那个原石是白色的，里面含硫，卖得到2块钱每斤，你弄到一袋子，就挣得到两三百块钱。（问：有没有偷卖被老板打的情况？）多！有的偷矿的，老板用双管猎枪打，有的是一枪打死，有的是打腿。那时候潼关乱得很。矿都是当地有点实力的人开。那时候都是露了头的薄皮矿，打不了多少米深。现在都是开的深层矿，一打几千米。应该说是挣到钱了。打钻一个月基本有千把块。那时候在矿山，打矿石下来，老板给工头儿，工头儿包下来后有矿，价钱就高一些嘛。

（问：你当时在那儿的工作和生活是什么样？）九几年的时候环境很不好，在那个山上一般都是搭的塑料棚，夏天热，冬天冷。那时候就住在山上，住在矿边。如果棚搭得宽敞一些，那就住人少一点。那如果小，就挤在一起睡。工作也说不来几个小时。你把那块炮放了，打完了，就算是下班，出渣的就上了。出渣工就把那些矿运出来，把渣出完后，放炮工又上，轮着上。所以一天的工作时间不固定。出渣的3个小时出完，3个小时下班，10个小时出完，10个小时下班。我们放炮的也不固定。那一石硬，就八九个小时，十一二个小时；那要是软，一两个小时也就下班了。（问：工作的人都是二十多岁的年轻人？）不一定，也有岁数大的。我不算年轻的，还有十四五岁的后生娃也在那里。不同地方招来的，分到一个班儿来了后就共处，不是固定的。（问：有没有大家一起和老板讲讲条件之类的事？）那个事情多，我们都遇到的，干了活后，公司里面不给钱，还想打人。我们有时候十几个工人，你要打，我们就点个炮火，把凳子拿起来过后也打，他那边就软了。那时候就是靠打，你不狠，他一分钱不给。如果有凳子就凳子打，有棒就棒子打，没得就拳头打。那个时候，潼关老板都怕四川人，四川人过去后，就问你是巴山的，我是哪里的，一遇到啥子事过后就把你beng起切（注：让你去出头，方言），老板就怯火（注：害怕，方言）。四川人不好惹就要麻（注：骗，方言）他的钱，一般的情况他不得麻。那就不像现在，你去要就是做不到活，那时候是做了拿不到钱。巴山人喜欢打架，老板基本上就怯火，那不像现在。从2005年，国家《安全生产法》出来过后，逐渐地改善，你才晓得有个矽肺病。矽肺病可能是在2003年还是2004年国家才知道，才有防护罩、防护面具那些。原先九几年，根本就没听到有什么防护面具。那时候的老板只要弄得到工人，上山就弄。老板也没有矽肺病的意识，那时候干活，洞子打进去，一深过后，通风设备不好，就算通风了，它那个毒烟、灰尘啊都在，人一进去就吸进去了。

（问：那你们那时候怎么吃饭啊？）吃饭就是整体一个灶。灶上就看洞子需要多少人，有二十几个的，也有三四十个的，有人专门做饭。那时候吃得不好，就是大米，菜就是莲花白、白菜啊之类。肉嘛就看工头，工头好点的，几天给你吃一顿肉，不好的就是半拉月，或者一个月不给你吃肉。做饭的有的是四川人，有的是外地人。那时候跟私人干，一个最多就跟两三个月，就又找，还是类似的活，它不固定。像现在大公司就是固定的活，要干一年两年，那时候私人老板就是不固定。你是老板，找到我给你干活，他也许就让你干几天，他不要你，就换人来干，那是不固定的。哎唷，那基本上就说是在一个地方干，只干得到三两个月。干了过后，你找得到活就去干，找不到活就去耍着。（问：在潼关的时候多久回家一次？）那也不固定，一年有两三次，也有三四次。潼关到这里远得很哪，得七百多公里吧。先到西安，西安过去就是渭南、华阴、潼关。到了万源，（从）万源坐火车去，再绕到河南的南阳。今天走要明天下午才到，要转车。

（问：那你那时候打工地点主要在潼关？有没有换过地点？）最后去洛南，也是陕西的，商洛地区。洛南有金矿，也有银矿。第一次出去是在十月间吧，秋收完。那就不管了，就是她（指吴的妻子）一个人，累了好几年。那时候就种点儿水田，找人帮忙开耕。两个娃都上小学。我有两年过年都没回来，有两年还没寄到钱。1999年还是2001年，那几年没多少活，没赚到钱。那时候自己就吃住车穿。你如果说长期有活干，你不跑，那就有钱。你如果到处一跑，你又要吃又要住，还要车费，一天就要花几百。

（问：你家这房子是什么时候盖的？）2005年，基本上是打工挣

图 2　吴上勇家

的钱盖的。有三大间屋,两层,这边老的部分是九几年建的。之前的老房子是土墙,房梁是木头的,上面盖瓦。老房基本上和这个差不多大小。老房只有一层,没得两层。那时候也没有算(多少钱),材料都用马驮上来的。这房子主要是砖、水泥。那时候没有修路噻,材料又上不来,只能到河那边去,用马,找马驮都花了很多钱。找人干活那时候都是给钱。就持是(注:只是、不过是,方言)小工我懂得少,就只请人做。那时候大家都到外面打工去了。请来的小工都是给钱,不一定一天天给,合起来一起给,还得给做三顿饭吃。(问:花了五六万?)不止。没得材料就上他屋去买,我就在这屋个人刷,先盖了一层,再加上去的。2005 年盖了第一层,隔一年有点钱了又加上去的,有钱了才能建上去嘛。

(问:你在潼关总共打工多久?)也就是五年。2001 年去的商洛地区,在那里三年,到 2004 年。2004 年后就到华山,那里也是金矿,基本上越到后面,发现的矿藏越多,老板也都会注意些。有些老板就看出来，对工人不好的就不跟老板干了，有些老板就一直没看出来。好的要等到2005年过后，国家出台了《安全生产条例》后，私人开公司的条件就严格了。2005年过后，工人出去就住部队的那种彩帐篷，有的住那种棉帐篷。一直到现在，你说用那种花胶纸（注：塑料膜，方言）根本就行不得了，国家就不允许，就是彩帐篷了。你到后头，像你出去打井，都得要通风设备。通风设备不好的，国家就要给你停了，公司都害怕被停了。（问：国家哪个部门跟他们打交道？）打交道的多啊，最主要的就是公安局和安监局。公安是负责管炸药的，安全生产就不属于它了，属于安监局。税务局主要是收它的税。2005年以前，炸药就私人贩卖些。只要有钱，那个时候就可以马上帮你把炸药买到。私人就说是赚钱。安监局那个时候也没得《安全生产法》，它也不管。政府也没个啥子文件出来，你只要有钱，山上谁管得了你那些？但是2005年过后，政府就实行安全生产，政府要给你培训。矽肺病也是2005年才开始有人管嘞。2001年、2002年，国家就查出来有那个尘肺病，那个时候不签合同，就是要出示身份证那样的证件。《安全生产法》健全，大概是2011年。直到2011年，政府才把那个《安全生产法》健全完。在2005年的时候，都是有那个条条框框，没有具体实施。2011年健全了过后，你出去干活就要签个劳动合同了。一个月工资多少，如果出了工伤给钱多少等。

（问：你签过劳动合同吗？）签过的。在华山的时候，签了一年，老板要签合同。因为那个时候，不签合同安监局要罚他的款，到时候他就是非法的。2011年后，就说是公司签合同啊，还有安全生产啊，才把矿山的那套整完全。跟我们农村，说老实话，以前纯粹是属于没得个人管。你像现在，就说是矿山上，它也有八大局管它呢。安监、公安、税务、环保，还有啥子，反正是八大局。现在哪个公司开矿，它那个证件也办不起。国家说啥子，跟你就说是，本给你办完了，后头留一个证，它不得给你办。主要的原因是啥子呢？我把你办完了，我管不住你，我留一个证了，你如果真的不好，我就给你停了。所以这个证他办不完，他再大的公司都很难把那个证办完。（问：**有合同后，老板给你买工伤保险了吗？**）那时候就有得了。你不买安监局查到了也要罚你的款，那个保险买了，只有出了大事才有用。一般的小事，哪个去找它，工伤保险需要单位登记，单位要一起买，像你单个的就买不到，它不得卖。一个企业要买，十个二十个那个才行，要集体买。要有单位、公司，有公章才行。私人想去买矿山的工伤保险是买不到的。

（问：**你是哪年发现生病的？**）2007年。当时感冒一直不好。那时候在华阴的私人矿。开始感冒，然后医不好。就去检查，检查几次，最后才检查出来。就是浑身出汗咳嗽，再就是冷嘛，输液输起了过后，还基本上差不多，一拔了（针），又不行。病了十几天过后才去检查，去华阴县（市）医院。然后去西京医院（**注：西京医院位于西安**）又检查。那时候就全部检查，透视啊，然后查各种血啊，检查的钱都是我自己出，那头又没得保险，报又报不了，检查花了一两万，当时查出来，上面就写着尘肺病。检查出来就是尘肺病，继续鉴定，还查有没有结核，没有也核查，在那住起，撒过（**注：后来，方言**），是个副教授给我看，我又不服气嘛，过了两天又去挂号，挂的正教授，后来就又查，反正就开的药不一样，两起药我都在吃。最后吃得就是把那个炎症那些控制掉了。开的有消炎药，反正就是一个大包裹，我走的时候开了好多药，一个月吃完了就基本上控制下来了，控制下来了后，有个年把半年没发。撒过，一喝酒又喝发了，喝发了就医不到了。当时没定几期尘肺病，大概到二期左右。因为要到二期那些病才不好治，前面的基本上能抵抗过去，查出来之后就没有干活了，没有回老家，还是找点儿事做，找不到就耍。比如说管理啊别的活了，这样大约过了五年。当时在西京医院吃药过后感觉还可以，一年多啥事都没得，后来就是喝酒喝坏了，喝了半年酒，那个病又复发了。一个人喝就是三两，和人喝一喝就是好多碗，人一多嘛叫我去，一喝就是这么多。

（问：你之前对尘肺病之类有没有概念啊？）那时候有啥子概念，都没那个概念，都不知道会得那个尘肺病，比我早得病的也有，但都没说过，得病之前，自己都不知道。别说我，很多医生都不知道。我得病后，他们（工友）都晓得，医了过后最后我觉得还可以。我也不算发现得早的，算差不多的。当时生病的时候，几个同乡就把我送去，啥子都检查完了也一两天了。那时候家里根本不知道，没跟家里说。我春节回来的时候筐了药，他们才知道。在西安，他们几个走了过后，我也是一个人在医院等，也没有跟家里面说。那时候还动得，就是输液，输了过后，就是没得了。就有那个福，肚子饿了自己下来吃得行，坐的是电梯。那时候又不存在说是个人走，那地方不用。那现在就是，坐的时候看起来是个好人，一走气就上不来。家里人是2007年腊月才知道，那时候两个女娃都长大了。两个女儿现在都结婚了，都找了本地的，一个乡的，都是打工的。都在外面的厂，在广东，具体做什么我没问，她们的娃都大了。老二的娃是我们在带，是男娃。她们啥个才晓得？我也没跟她们说，好像这几年弄满了（治疗差不多）后，人看去也没得啥。2007年回来时，那个时候人也感觉还可以，医了段时间后，感觉没得啥事，就又到外面去工作。那时候就光耍，下力的做不了了。就说是莫使力，给人家带班，管理人啊，那时候一个月也就是几千块钱，这样可能做了一两年。然后，个人弄了点东西弄了一两年，也是跟采矿啊那些相同，自己带了人干，高峰时有四五十个。那时候就是给华山修索道，华山的西峰，那是露天工作，那时候我自己带人做，哪里的人都有。我一般出去是一个人，有很多人会带本地人一起出去，但带本地人，你挣不到钱他埋怨你。你到外头，外头那些人的工资还低一些，你像本地给外头一百五，给本地两百，他还说你给少了。外头我两个说好干一天多少钱，干了过后一算账就行，我稍微还给他放松点，他对你多好，有好吃，你不想吃他都不接受。外头的人工资普遍比巴山的人要低一些，巴山的人工资高，活重了他还不给你干，反正还能找点事做。最后的活，就不比零几年的活。零几年的活工资高点，再一个就是说，你过于抠狠了也不行，没人给你干。（问：你能做这样管理的活，是不是还是跟你受教育程度比较高有关？）是，就是脑子想得多，再一个就是空一些，你像我，不怕就这么多年，裹团团（注：拉帮结伙，方言）的人我从来没带过一个，一找几十个人，那钱大家都要挣，只要一签合同就成了你的工人。你去招人他们都晓得你，再一个基本上都知道我们是老实人。讲好了五百块，你今天就挣五百块，甭管啥子，你要挣钱人家也要挣钱。人家不挣钱给你帮忙啊？华山西峰我只是搭个平台，其他我不管，钢架那些我不管，只是把那匹山打平，打成地坝那样。你需要多大，那样打了，你给我一量方数。包给我的是山东泰安的公司，那个工程的索道都是他们建的，做这个大概给我多少钱记不得了，我带的几十个人的工资是我发的。我做了将近两年，能赚一点，但也赚不到多少。那个时候觉得身体还可以，工作还能够坚持，还能走路去买材料那些。我差不多做到2011年，这个之后又开始耍。耍就是没事喝酒啥的，但不稀得打麻将，就是自己的几个人会打，来就得打钱，不打钱没人得打。那时候打的大，一二百，你可以下单倍或者是两倍，都可以。一晚上就是一两千。后来又去开石山，开大理石，也在华阴,也是爆山下来,把那个山打平过后,他就能扯上去。具体的我也没做,别人雇我帮他管,给他找人。这个做了一年就没做了,挣得钱就拿去吃药了。

(问:医生跟你说过早期的尘肺病能洗肺之类的吗?)医生没得说,其他人有的说洗不得,也有说洗得,我也没去再了解。肺部发过一回炎过后,那几年,药就一直吃,没断过。反正就是能够买得到的最好的药我都买,再贵的药我都买。后来就是在重庆医了几次,在重庆胸科医院住了三个月,六院没去。(问:2014年卫计委组织的那次你去查了吗?)去了,那次鉴定是二期,过了两天,我又犯得重了,又去检查,去重庆检查就三期了。在重庆大坪医院,他们说到六院去鉴定,我现在就没有重新鉴定了,没必要了。再一个,我在陕西也去疾控中心,那个医院我去检查过后,当时医生就说要休息,不能操劳。药吃了过后,我看去也没得那么(严重),就没想了。

(问:想没想过去找以前的老板和企业?)那都找不到了。你这儿干两天,那儿干两天,都是私人的,你咋个去找?再一个,你查到有(病)了你去找他也没用。尘肺病国家也有个文件,他要你签了合同,两三年过后,你就签一年合同,你要有办法查到那个合同,他也不认可。

(问:吃药要花多少钱?)没算。反正最后挣的钱我是没拿回来,小孩的钱也进去了。(问:你知道尘肺病即使离开了粉尘环境也会一直加重吗?)那时候就不知道。当时医生就说让我把烟酒戒了,酒戒了,我烟瘾大,烟就没有戒。直到2014年,那年到重庆去,住了院烟一直没改,烟也有伤害。喝了半年酒,酒一喝多了,可能就端不住了,最难受的时候就是气喘,不能走远了。有一次在重庆住了三个月,有一次一个月,三个月的那次是接近肺气肿。他还有就是肺上有个 dao 子，他以为是个癌，结果一查也不是。结核也有，也是重庆胸科医院医的，吃了一年半的药，我也买个吸氧的机子如果气出不赢了，我就吸一下。没两年就靠娃了，我的钱已经吃完了，还有我老婆，她的活忙嘞。我一天就是坐在这里，地里的活也没干，做饭我也没做，前几年的钱全都拿去医了，现在就都是用娃的钱了。她们负担也大啊，女婿家里条件跟我们差不太多，但他那个爸去世了，他妈八十多，自己还有三个娃，负担重，小女儿的娃一直都是我们带，现在九岁了。

图 3　吴上勇的制氧机

（问：这个花了多少钱？）一千八。2015 年买的，用得还可以。（问：除了家里人，还有没有别的人帮过你？）政府，去年我才去找他们，我自己去找的，我现在没得钱了，但那个药还不能断，天天都得吃，我跟他们说了，他们去年（2017）就弄了这个（建档立卡贫困户的牌子），从今年（2018）开始，当时我就说，生活的事我不找你们，就是这药费才来跟你们说的，他们也晓得我这几年医了不少，都晓得我医了那么多年了，这个会给我报销医疗费。住院费报40%，医药费60%。重庆住院三个月的就没有报，农合报不了多少，政府还有就是让一些人来看一下。（问：对以后有什么期待和期望？）没有。政府和各界都关注我……我有个啥子希望啊，吃得起药，像现在这样，像我们这个病，挣钱又不行，只要政府能让我们少掏点钱就可以了。

（问：现在家里没有其他的经济来源了？）嗯。也不能都靠娃，她们在外面打工也很忙，家就在附近，但也只有老人和小孩了。

（问：看到其他人因为这个病去世，你有没有担心自己的健康状况？）那个我不担心。有没有啥得到的呢？我要说是耍呢，也耍了这么多年没做了，钱也医得这么多了，治疗也就是说，他们这些都说没得一点钱，要想还治，得一次性拿个七八万。打工出来哪拿得出这个钱？有的时候，我有那么一千块钱，我把那一千块钱医了，一重了就是大医院，稍微不那个就是小医院。这你医不了，国家又没得这个药，全世界也没有哪个药把这个病治得了。那你说是这几年活起嘛就苦了她（指了指他的妻子），一天干到晚，你们看，今年这，反正长期的药不灵了。你先在吃药，药吃了那么多年了，也有了耐药性，你说啥子个办法？

（问：你当时出去打工是什么想法？想回来还是想搬到城里去住？）那时候的想法就是想出去能把债还了，那时候的人苦得噻。再苦就说能够是挣点钱，把生活过好，把房子一盖，生活好一点就行了。（问：你会不会跟娃谈一谈她们以后怎么办？）就是说哪怕钱少挣一点，你不能去灰尘那么大的地方。我们那时候就是拼命去挣钱，哪怕老命都不要。你现在拿钱，有时候，你现在拿钱也买不到命。现在稍微挣点，你能维持就好，我也不想我的娃得这个。（问：她们有没有想留在城市？）没谈过。但她们也没得钱，这几年还用她们的钱。现在她（吴的妻子）就种洋芋，养了两头猪，鸡有十几只，小鸡的那种。哪有啥子个生活来源！一般都是她去买药。[吴的妻子：昨天我才去的，两百多。有发票的才能报。你像蛤蚧（注：一种中药）、西洋参那样的就报不了。不是门诊的就不行。]（问：蛤蚧是谁给你开的？）没人开，就是网上买的，说是补肺，这个贵啊！

王阳林：

"我 19 岁当兵，在铁道兵当了 4 年出渣工。年轻时不发觉，得了矽肺诊治要有部队凭证才行，但铁道兵都取消了，我去哪里开？"

访谈时间：2018 年 8 月 22 日
访谈地点：王阳林家
基本情况：王阳林，1955 年生，尘肺病三期，2000 年左右发病。1976—1980 年参军，铁道兵，在新疆库尔勒打山洞时患病，目前未得到任何赔偿。现和妻子居住在深山老宅中，交通极其不方便（上山只有林中土路，下雨天山坡湿滑，人难以前行。课题组访谈完下山时，两人在泥泞的山路上滑倒）。且老宅破旧，冬日仅靠烧柴取暖。个人积蓄耗尽，家庭收入依靠任乡村教师的大儿子。

（王的儿子：房子是老房子，有十几年了。是砖和水泥的，旁边的屋是石头。房子不算大，但还挺宽的。取水是从山上引过来的矿泉水。我还有个弟弟，他在外面打工，自己弄点钱都不够他用。也是不怎么挣的，他也没有成家，（啥）都没有。）

我今年63岁，属羊，1955年出生。我原先当过兵。在新疆，1976年的兵。库尔勒的那个山洞就是我们打的。我们属于铁道兵。现在还没有退伍病人的待遇，身份证今年才满60岁。身份证弄错了，小了3年。（王的妻子：我今年67了。）她1950年的，比我大5年。

我们原先属于铁道兵，在部队什么都没发觉，也不觉得有什么事。病就是在部队得的，我们是出渣工嘛。当兵的时候还没有结婚，转业回来31岁才结婚。我19岁当兵，当了4年，都在新疆，我是出渣工，一个小时一班钻，必须要干完，干不完也得干。你反正得干完，早干完早耍，干不完晚点也行，在固定的时间里，工作就是推个罐（车）嘛，把渣装在那个罐里运出来。我们干了两年，山东那边干了两年，就是修那个火车站两年，就这么搞了四年。出渣的时候就是很多灰尘、烟雾，什么都看不见。要戴口罩，不带口罩不能进，就是医院用的那种口罩（注：指棉纱口罩）。干完活连吐口痰都是灰。我们是铁道兵89319部队，主要是在新疆，我战友里多了得这个病的。他们现在的情况到目前和别人比还好，特别是我，他们比我舒服一点。工不同，有的出渣，有的没出渣。当兵的来自各地，全国都有。（我）最近发现尘肺病十来年时间，之前都不知道，因为人年轻嘛，还有抵抗能力嘛，就没发觉。

（王的儿子：我十几岁的时候就听他说他的胸闷。那时候我还在读小学，四五年级的时候。就是修这个房的时候，他就很明显。那时候矽肺病不流行，大家都不知道。后来才检查出来，检查出来四个年头了。）

（问：你什么时候回来务农的？）1981年回来之后就务农了。回来刚好分地。那时候跟父母在一起。我本身只有一厘地，最后跟了她（指王的妻子）后就没要那厘地，我就走了，我就离开了我那个老家。老家的地，现在我都没种，因为我负担太重了。要供学生娃读书，再来要缴通路的税，上下都交我没有钱交嘛，所以那地我就没要，我的户口就转走了，转到她那里。我是1987年结婚，32岁了，33岁才生第一个儿子。之前一直务农，外头还发达些，这里根本就没有活路嘛。那时候哪头都没得打工，就靠种庄稼。那时候也就能吃饱，没钱。现在全部征收了，做些房子。出去打工也都是临时，去外面混几天，又回来务农，就是这么个情况。出去就是给人看场地，当小工。那个时候身体没问题，当兵之前读到初中毕业，种多少地就不好说了，有多少地就种多少地。我们现在是娃的地，我之前的地还在老家，就在这老山上，这里是我娃的地，全种玉米。我们赚什么钱？养牲畜嘛，养鸡、猪嘛。收入就是不够，没有收入嘛。（王的儿子：他最开始的时候就是咳嗽、胸闷。那时候我还在读小学。）那是两千零几年，就发觉了。哪个去找部队？等我检查出来矽肺病，就是三四年时间，重庆市来巴山检查的那次，都没有通知我，我是听别个说，我自己去检查的。（问：可以去找部队吗？）我们这个地方我去问了，他说不行。他说部队要有凭证才行，但铁道兵都撤销了，我去哪里开？（看各类诊断证明）

图4　王阳林

[王的儿子：军医大的（证明）是我后面带他去的，2014年。后头我还带他出去看病。他去检查了，人走了之后，他就去拿那个。他就是给我们检查，拍了他就走了，检查了就走了，他就给你找人填了。]（问：为什么诊断书上写的是1998年到2006年得的？）（王的儿子：他乱填的一个，他去那里检查，别人排了很长的队，几百几十个人在那里排。他就没排，回家了，这是我后来去拿的。别人就没问，就写了一般人经常写的这句。但他的情况不一样，他完全都不了解这个情况，武装部给他出的有那个当兵的证明。）第一次检

查是二期，后头是三期。原来就觉得浑身痛，好像有个棒棒卡住了，呼吸痛，吐出来的痰也是黑的，我去年吃了矽肺病药。（王的儿子：都是我帮他找的药。没有买制氧机，我准备冬天的时候买那种雾化的药，能化痰，喘气。）这个药起作用，吸一口会喘得上气。买药没得报销，都是自己出钱，都是我娃出钱。住过院，去年在重庆，后又在县医院住了。前年在重庆西南医院和重庆的长虹医院，重庆长虹医院是私人开的，他那是个人自理50块钱的生活（费），住10天，药费是他理，车船费自理。我自己觉得那些药没的效果。自己吃了觉得当时吃了不溜，出门就没劲儿啥子，住院的费用我自己出，我娃晓得花了多少钱，他那时候在重庆读书，医院都是他找，我就在他屋里扎（住，方言），他就每天把我往医院载，晚上就在他那儿扎，那时候他在长江师范学院。

（问：你现在体重多少？）现在不到100斤，九十多斤吧。这个村很多人得这个病，光我家人就有几个。我几个侄娃子，他们是在矿山得的。金矿打钻，煤矿不存在，煤矿的分成和金矿的分成不同。（问：你会跟他们交流一下吗？）我一天都在屋里走不了。（王的儿子：自从他得了这个病，他就一直在家里，一走肺里面受不了，感觉像100岁的人走上坡那样。）

（王的妻子：现在家里的地都是我种。）我个人住着的。这还好点，冬天最恼火了，冬天坐到想死。就像月母子（坐月子的女人，方言）还要ba（垫）屁股。不能出来，不然风一吹就感冒、发炎。我长期住院，今年还去住院了，在巴山人民医院，住了一个星期，这边医院也不管用，住院开药都是自己花钱。反正他的工资都出掉（指王的儿子）（王的儿子：他反正一个月算下来要千把块。检一次就是四五百，一般要检两次。）

（问：你现在做什么？）（王的儿子：我现在在学校当老师。学校在山那边，还有很远，要走个把小时。在那儿教语文，或者教数学。乡村教师我们这里工资不高，一个月也就三四千块钱，工资一个月也留不下多少。我自己又去按揭了套房子，在县里面，还要送礼。你不知道我们这里送一个礼要几百，三百、四百。反正你给我一万块钱，一个月有时候还不够花。还有什么水费、电费、气费、物管费，等等。要是不在城里按揭一套房子就结不了婚。开始的时候我准备在重庆去按揭的，但我想那个太远了，这边上班那边不方便。我最开始的时候就是在重庆上班的，一般我们这边条件允许的，出去念书的就不回来了，我这是没办法，不然我就在重庆那边工作了。我在重庆那边上了两年，在重庆南岸区的一个小学。那边肯定比这里好，财政好，基本工资是一样，但福利待遇好。而且本来自己学校就带有营利性的学校，就自己发钱。我们这个地方财政没有那么好，穷死了。巴山一开始就是贫困县，渝西南地区 [注：巴山位于重庆东北部，此处应该为口误。] 超级贫困县。后来我看我们这个家里面，我弟弟比我小三岁，他现在就是自己去搞得钱，他现在就是打工的，下力的，在甘肃的砖厂里面。他没有读大学，就是在读书的时候，他特别调皮，一天就喜欢到外面去几个人一起玩。就比我小三岁，但我感觉他（有）思想，头脑里想的东西不一样。他就想走捷径，想一步登天，反正也没看到他有钱。他每年过年回来，回来也没在屋里，全部都在外面。现在我看他们（指父母）就是自己想住在这个地方，我叫他们跟我去城里面住，把这个房子扔了，他说不去。城里的房子不大，八九十个平方，但住得下。我就是想把他弄去，但他们不去。）住农村方便些嘛，要吐痰啊走路啊都方便。在城里吐一口痰都不方便。

（问：冬天怎么办？）没问题，冬天就烧柴，这个烟就是烧的柴。屋里有炉子。（王的儿子：但是灰尘满天飞，满头都是白的。烧火就在旁边的屋,烧起来屋子里很热。)

(看烤火的地方)

图 5　王阳林家中烤火的地方

(问:但你人也不住在这儿啊?)冬天就在这儿,围在这儿坐。睡觉就插那个电热毯。(王的儿子:这里就是最古老的手艺。应该是在六十年代、五十年代的时候弄的,我打算把这个弄成个古董啊。)

(王的妻子:这是在煮猪食。做饭也在这个屋子里,搭个灶。柴就山上捡,就是没得收入。人就吃洋芋,猪就吃苞谷,自己再买点米啥子的,就没得啥子收入。就喂了两个猪有吃,猪卖的了就卖,卖不了就自己吃。他也动不了了,就我一个人,串一下门。有娃,但他有他的工作,他也很忙。他那么大了,三十多岁都没成家,都是钱困住了。他老汉(指父亲)又不好,一个月花钱多,花他工资。就是医病给他老汉,那药没离过,就是捡药一个月捡好几次。)(王的儿子:像我们县里治这个病都不行。我都是上网去查他要吃什么药。)

（问：现在你爱人种的地有多少？）现在可能有四五亩地吧。都种苞谷还有洋芋、红薯，分季节。现在自己也没有吃那些，我也做不了饭了，把那些准备好了，我就攒一下火，稍微溜一下嘛，重的活做不得。她忙起来不得了。家里就养鸡和猪，猪有三头，鸡现在可能有十四五只。

图6　王阳林家

（问：你当兵的时候父母还在吧？）在，兄弟五个，我是老四。兄弟都在农村，就我一个当兵了。1986年父亲过世，2003年母亲去世。兄弟里老大不在了，老幺不在了。老幺在山西煤矿，砸死了。老大是得的癌症死的。现在就三哥、二哥在，都是一个村子。

（问：感觉你现在精神状况还好？）一阵一阵的。（王的儿子：像夏天他就好，冬天就要用个被子，随时把他裹着。冬天自己有时候都感觉气喘不过来，房间里就是动一下休息一下，一个小时或者几个小时在那里一动不动。）

（问：政府这里有什么帮助吗？）政府头一次给我们三千，现在就是每年给我四百。(王的儿子:我是正式职工,就不能有建档立卡。)

(问:你妈妈身体怎么样?)(王的儿子:她有胃病,然后关节痛。)

图7　与王阳林一家交谈

文敏豪：

> "为了生活，再苦再累我都拼命去干，金矿、铁矿、煤矿都进过。后来才明白，上当了，就是这个病把我连累到了。"

访谈时间：2018 年 8 月 22 日
访谈地点：文敏豪家
基本情况：文敏豪，1968 年生，患尘肺病三期，2012 年左右发病。目前未得到工伤赔偿，为该村建档立卡户，医药费能部分报销。发病后妻子到重庆打工，月收入约为 2000 元，无其他收入和积蓄。儿子在中专念书，每年学费 8700 元，自己医药费每年约 15000 元，还要靠借钱维持生活花销。

我家地不多,(分地)那个时间就我一个人,那时还没结婚。我今年50(岁)了,那时候都没地,最后我们家里有一个妹妹嫁出去了,有一个哥哥死了,这个地就推给我了,就有地了,有四亩多。(问:都是苞谷、洋芋?)我们这个以往都是种水稻,现在反正都是卖掉,种的它觉得麻烦,这样那样麻烦,不种了,全部都种旱地了。(问:水稻能比苞谷、洋芋收入多吗?)那赶不上,赶不上,(不累),就像这块地它有洋芋收回家了,现在苞谷又收回来,这不是我的。那边有一个,那边有两个。你拾到这一块是你的,这一块就是你的。(问:家里有多少树?)我林地可能有大概三亩到四亩。这个是水杉,像这个是杉树,最高的这个,它们叫的檀木树,那个叶子少一点的叫柿子树。然后房前房后种点小菜,不然的话经济又困难,什么东西都要跑到下面去买,那也麻烦。但是我就是不能干(活),慢慢地搞一点小活啊,种一点小地,不然不种你没办法生活了。苞谷、洋芋就是自己慢慢种,反正我就是,种的最差嘛,没得办法。我问他老婆在家没有,他说没有,她如果要是在家里面,我们家就生活不了了。(问:老婆在哪打工呢?)在重庆,她那边搞那个环卫。就是个(每月)两千多块钱,她不是一个人,我两个儿子都是在那边,她给照料照料。一个儿子在那边上学,上那个职中。还有一个他在那边跟现在年轻的小孩子一样在那边流荡的，也没个什么工作。反正有时间能顾上，今年还找他妈妈要了两千多块钱。

我是 1991 年结婚的。那个时候结婚是我一个人分家出来，我分家出来他们上一辈的家产我是一点没要。因为那时候老头老妈自己要生活嘛，他们要生活我们再把他们的东西分走了，他们就为难了。但是我们那时候年轻，差什么我们都可以自己去赚，是赚得来的。之所以我现在……那个时候我就是挺艰难的，我老婆没地，我们这里的地是很少的，整个庙坝这个镇，算我们这个村，土地是最艰巨最少的。我一个人的土地只有一亩，老婆过来，两个人，1993 年生个小孩，三个人。1999 年再生个小孩，四个人，就维持我一个人的地。我就常年在外面奔波，外面打工啊。地就是老婆在家里种地，就是家里电费啊什么东西，都是我在外面挣钱回来供养起来。我念书念得基本上还是可以，我念到初中了，还没毕业，差一个月的时间就毕业了，就没去了。之所以我现在得了这个矽肺，就是我为了生活起见，我那时候真是，干活你再累，我也不要紧，再苦，我也不要紧。

结了婚我分家就出去了。结婚我都是在外面，决定出去就是我家庭贫寒嘛，没办法啦，跟着这个环境，这个发展趋势。人家能过上好一点的生活，你过不上，心目当中就觉得有点太愧疚。我们反正都是这个命，又没得其他什么来源，都靠自己这个双手买米。外面你这个亲戚啊，那个亲戚啊，去咨询，去访问，觉得你这个可以挣三十块钱一天，我就觉得可以去。像那些老表啊，还有我老婆的那个姐夫啊，就是这样嘛。我房子都修了三次了，（1991 年）还没有，是个很小的一个房，住上了，不行。我分家出来就住我老妈他们的房，他们这个房他们自己要住了。没办法了，你要自己想办法，我就自己去修。我是 1993 年、1994 年，就来修房，哎呀欠人家的债就欠了一万多，不是（现在）这个房，太早了。就是这个位置，这个位置还进去一点，还是修砖房啦。最后因为我那个时候条件不行，就修了一个单面的，修的是两间，两间四个人住不了，再看人家住的，修的那个房，我就觉得不行。就这样，管他呀，尤其干活都拼命去干，进煤窑，进矿山，那个金矿、铁矿、煤矿，都进过呀，就这样。

图8　访谈中的文敏豪及其老母亲（其身后者）

我最开始进石矿，就是那个石头。我是去学那个石匠，石工，拼命的，在浙江。就是我家有一个哥，还有上面几个老表，哥是堂哥，去打那个石头。那个石头用铁钻一打那个灰尘比较重，露天打。那时不懂嘛，我就是力气好，拼命干，太阳大我也干，太阳小我也干。那阵还可以啦，一个月能挣一千块钱。那是1995年啦，我1994年修那个房，欠人家一万多块钱的债，就去浙江做石工，打石头，回来那一年就把那一万多块钱的债给还上了。石工是私人的，待遇就是打那个方，你打一方给你多少钱，那个时候还可以，一个月能挣一千多块钱。你自己背债，欠人家的债，有什么办法，家里有孩子，有老婆。自己一天能够花个六块钱，算可以了。吃饭嘛，那个时候我不抽烟、不喝酒的，就是吃点饭。住宿嘛都是老板的，但是你自己要买被子，房子是那边老板的，我在那边自己一个人搞了六年。最后他们不去了嘛，我一个人去。搞了六年，最后家里有孩子，有老婆，孩子也上学，慢慢慢慢地，经济就困难了，经济越困难，我那个时候就越拼命。2000年的时候，他们又说那里煤窑能挣钱，我又跟他们到煤窑去了，山西太原、长治，我都去过。那山里煤炭多嘛，大煤窑小煤窑都去过了，它是国家承包给私人的。（我）拉平车，就是拉个架子车，自己进去装一车，拉出来，多少钱算出来。那些时候都不重视啊，就是一个安全帽，一个灯，口罩这些都没有的，最后我想到哎呀，我上当了。谁知道（什么时候得病），不知道。我自己知道我都是刚结婚到浙江打石头的时间，我最后总结出来，那个石头灰吸到这里面是最容易沉淀的，煤矿没这么厉害。那个在洞子里面你用什么去喷（水）？石头是在外面，煤是在洞里面，它喷水是属于拉出来。老板出售煤的时候喷水，增加它的分量。（收入）还可以，一个月能挣一千、两千多块，那就还好。危险程度大，出事的很多很多啦！碰见过（矿难），亲眼都看见过，第一是瓦斯，第二是塌方。塌方是很容易的，煤层很高很高的，有十米高的煤。你一次进就可以进两米的，你进两米上面的煤都是松的，你要是支扶搞得不好，下面支扶撑不住，塌下来了。我没有遇到过，但是我那个时候年轻，周边环境有危险的，我不去就可以了。我看见那里塌下来的人，很多的，有（伤亡）啊，怎么没有。我们这里上一次就有（八个），都死了，都是我们村子里的。我就是这样在外面奔波，拼命干到了2004年，金矿也干过，就是……在煤矿之后嘛，2006年、2007年这几年。

我从煤矿出去是 2003 年，我就回家。回家我就修这个房了，2004 年修的。那个时候这个房都花了 9 万多，把原先那个房都推掉，重新盖的这个嘛。幸好那时候我拼命修的这个房，不然现在就麻烦了。（问：当时修这个借没借债?）借了，怎么没借债！我光信用贷款都借了四万，哎哟，真是，我老婆还那个利息，一季度一还，一季度一还，我老婆都是还得掉泪。所以说现在我老婆她就讲，宁可自己不穿不吃，也不要再信用去贷款。那个时候都是 2003 年，2004 年、2005 年好像是九厘多，反正一年都要还个三千多、四千块钱的利息。我整个还到三年才还清。那你没办法啦，家庭要开支，孩子要读书，要念书，最小的这个孩子出生之后毛病又多，要看病。那些年真是把我……最后就儿子稍微好一点点，自己身体又垮了，又不行了。金矿前前后后干了三年、四年时间，你不打工你没办法啦，你又欠债。（问：您妻子是在外面打工吗?）没有没有，我老婆打工是 2012 年才出去打工的了。我生病了，身体就不行了嘛。2013 年体检，在巴山那年，重庆市过来给我们全部搞体检，那个时候查出来我已经快三期了，就有感觉了嘛。那个时候我还在浙江，给人家小卖部送百货，我开车送，那时候我就觉得我这个运动力不行了。那个最后不是打电话让我们回来体检，我们真是巴不得就回来，都回来体检，结果诊断出来就不行了，快三期了。这之后一年不如一年，一年不如一年。

（问：金矿能挣多少钱啊?）金矿那就没说，有时间那个月一分钱挣不到，有时间那个月挣个四五千，五六千也有。有时间你出去一个月、两个月，要倒拿钱。因为没有东西嘛，靠运气就是，就算不来嘛。干了三年多，四年，反正也就挣个两三万块钱。金矿干完之后我就到浙江了嘛，到温州，2013 年去的。我感觉到身体不行，我总觉得走这个路，反正都觉得累、喘，好像觉得不是以往那种感觉了。那个时候在金矿里面干到最后，我就知道我不行了，我就不去了嘛，2013年我都回家。（工友）也有，有时间我们一起都是在总结。有的都说，这是太累了，有的又说这个是年龄一天一天大了，都没有想到矽肺呀那个东西，都没考虑这个问题。就是重庆下来体检的时候才明白了，以往干些什么活，这样总结出来。

（问：确诊之后还出去打工吗？）打呀，在浙江嘛，送货，送了两年时间。2014年我老妈在家里摔跤了，我就回来了（大腿骨摔坏了）。我回来，我老婆就出去。我回来我老婆把老妈（接来）住在家，她恢复得差不多了，老婆就出去了。差不多孩子早一点就出去了，大的孩子在那边，他出去就没照顾了嘛。小的读书那个是去年才去，大的他就在那边晃悠嘛反正，两个儿子。我现在都没法办啦，自己都这样，我还管他们？看他们自己，拼得好、拼得不好我也没能力管他们了。

（问：2014年确诊之后家里人什么反应？）那还有什么反应啊，就是心头比较焦急这种吧。但是你焦急也没办法，我这几年吃的药真是不少。我一般到重庆那边，我看病最多是前年，我基本上是两个月过去一趟。去年……我今年去了两次，两次都是去，一般都是在那个大坪医院，是属于军医嘛还可以。在医院复查，这个病去我一般都是挂专家号的，专家他反正就是说，别说我们这个医院，就是我们国家来说，这个病都没有效用能给你治好的，只能说我们给你稳定，你自己保养，你自己补身体，就算是挺好了。我是前年去得最多了。我们工友有一个人，他也是挺厉害的，他们那里有个草药医生，就是在灵水，他就是十天半月吐血，矽肺一犯了，就要吐血，吐半盆子血。他不是在成都带娃嗜，我们有个同学，也算是同学，他知道我也有这种情况，他知道那个草药医生比较可以。他现在就好多了，不能够说全部好了没事了，他说就是好多时间没犯过了，没吐过血。我就去，我一直去，那个中药都要搞个十副，三天一副。他说你可以四天喝一副，就这样，每回十副药，一副药他好的那个就是一百五，就是要十副药嘛，两百五的车费是一个人，来回就是两千（来）块钱。我就是前年去得多，还稳定得住。就说是，治不好嘛，还稳定得住，就是我去年就在吐血嘛，吐血有两次比较厉害，我还把那个发给医生去看。吐血它就是劳累，那个肺里面的等于是……那个医生是这么解释的，那个灰尘在你肺上给你结，你累的时间那个肺移不开，它就很劳累，劳累过后那个灰尘附积到气管上，发生这个血管破裂，那就是这样。他们（一）解释，你也能理解，找不到（疗法）。我一般吐起来了就在那个中南门诊，巴山县城，那里去弄药，是西药，吃个四天、五天，就断住了，就好一点。我就是累起来的时间你不要下力，你觉得不舒服，很累了，你去下一点力马上就吐血，就不行了。

（问：这些费用都是你自己出？）那自己嘛，因为这个医院那个，说白了属于个体的，不存在什么保障的。但是以往呢，我在重庆大医院去，那个检查过来，医院还报了一些的。那年是报了一千六百多，一千八百多嘛，我在那边的发票拿过来，那报得很低的，政府这样搞，那是政府。我们属于建卡贫困户，返回来报的，那个不在我们本地方住院。不在本地方住院，不在指定医院，报得很低的。我们在重庆是属于市外，不属于市内，这个都有规定。

（问：为什么不在正规医院，而自己去买中药？）是这样一回事，你在正规的医院，在乡医院、村医院，或者镇医院，你一去，我可以给你，反正都是这回事，反正没的什么效果。你像最后那个草药医生他封掉了，看到他真是火，真的是火啊，给封掉了，他的生意太好了，去的人太多。（问：是真有效还是……大家怎么看这事？）这个具体也说不清，作为病人反正我认为啊，你不能说它没有效果，

图9 去往文敏豪家的路上，文敏豪由于呼吸困难，走在最后而且不时停下来喘气

也不能说它效果不是很好。但这个东西就是说能够，你像我前年去了一年的时间，去年就去得很少，去了两次，相对（比）起来，就吐血方面就要少一点，就缓解。就这样认为，我就是这样认为的。

（问：普查的那次是政府出钱？）都是嘛，那个是属于重庆市那边下来的。他就是因为国家政策下来，有一个报告重大疾病。这个政策嘛，最后重庆市很重视这个职业病，我们这种是属于职业病的。他们就是重视这个矽肺，这个职业病，整个就是在巴山，整个下来，全部来体检。那个搞好多（长）时间，巴山县这么多人，我都是体检三次才体检完。记得肺功能，化痰，化血，这几套嘛，照片嘛，就是拍片嘛，是个嘞个嘛。

（问母亲：现在家里面您还做饭吗？）（母亲：做饭哪，我煮噻，煮棒棒，就在屋里噻。）

就是像这样，我一上一下，如果是跑得快，就喘。反正是有个什么事，心头考虑到一起来，心头就跳得太厉害了。它等于这个肺上，我们也会把它那个图片拿起来看，他（医生）就给我们讲，肺在运动里面是属于这样，如果有东西把它黏住，它就不行。（问：家里有制氧机吗？）那没有，这些那都没有，没到那个，就是吃药嘛。我们这个病就是冬天严重一点，为什么呢，冬天冷，这个人冷起来一不活动就冷，一活动就受不了。特别要注意感冒，就是容易感冒嘛，最容易感冒是怎么回事？如果稍微一流点汗，冬天一冷，凉风一吹，就不行。但是我始终就是注意到这一点，觉得自己有点感冒，不对了，赶紧去捡药，先把感冒制住，不然就更要麻烦些。

（问：您之前打工有签合同吗？）那个就是没有嘛，一次都没有，我们又不是固定跟你这个老板干。你说这个老板对你好一点，哦，我就跟你干，干个十天半个月。你挣的工资高一点，对工人好一点，给钱给快点，你这里好一点我就在你这里，那签什么合同呢？哪个也没想到这么一出啊。还是要感谢国家这个政策，政策还是好的。你要这么想，以往他没有什么救助，管他什么病是一样的。现在政府来关心你，问问啊看看啊，这些还是比较感谢政府的。像我们这种病，如果上了三期，死亡的比例，死亡数，很高的。我们那头，这一团就好几个了。你们刚才看的这个坟，就是那个，他岁数还比我小，他前面农历的五月初二，两个多月，才两个多月，他年龄还比我小，他也是三期嘛，他就说是反正也不知道是……也总结不了了，就是这样了，也是尘肺啊。他的身体抵抗力要差一点，就是并发症（死的）。还有这个地方，看到那里不是有个电杆，有个也死了的，也是说才死不久。还有庙坝那不是好几个吗，矽肺死了的起码是几十个嘛，至少也有几十个，就是最近几年嘛。那就是最近的以往还有×××（人名），北镇的那个，好几年了死了，尘肺死的人多。

（问：大家是一起出去打工的吗？）那不是在一个地方打工，都是分散的。得这个病主要还是人的抵抗力，身体抵抗力。你看同样去打工的，有的他也没有这种病，那你怎么说，就里面能把它化解得了，分散得了。有些他就缓解不了，就沉不住，基本上都是这个情况，都是这个灰尘。所以体检最后那个结果下来，就是千万叫我们脱离这个灰尘工作，最后记住了嘛。但是我随便要是什么，在乡村小道上，那个路面灰尘比较大嘛，我到那个地方我都让在旁边离远一点，让车过路，它走了我才过去。之前不知道这个是矽肺病，我们都不知道，就知道自己身体不行了，肺不行了，感觉身体这样了嘛。我现在最（担心）的是我自己，还有两个孩子，也没成家，我自己这个药费也是蛮贵的，我总结了，我一个人的药费，一年至少得一万五，前年都是两万多。（问：治病有没有借债？）借了，怎么没借债，我老婆在外面一年她说我一个人靠这一点工资是不行啊，我说不行也没办法，维持到哪一天算哪一天。（问：您家现在每年收入大概多少？）家里现在没什么收入，就是我老婆在外面打工，一个月两千多块，一年就是两万多。两万多，小的儿子上学，今年不是发过来了，他的学费是八千七一年，他还是属于我们建卡贫困户，还减少一点了，八千七。他满个要一万多，他读的是职高，在读卫校，他自己选择的。反正就是这样嘛，他选择了要这样读，你父母就是在外面借债，到人家那里借债也要给他去念。现在欠债有可能就是去年嘛欠人家，这儿一点，那儿一点，都省吃俭用给人家还掉嘛，你下次找人家才好开口。现在欠着就是一万把块钱，他们肯定家里好一点，有一点钱嘛。就是两个儿子我都可以，大儿子我都不用管他，因为什么他自己大了，他自己生活都可以了，让他自己去搞。但是小的这孩子要供他四年，还有三年，他读的是中专，读三年还要实习，但是我自己这个药费……（问：**您觉得建档立卡对您的帮助大吗？**）哎呀这个你怎么说帮助大呀，这个你一个人帮助大也不够我一个人，国家哪有那么多钱，像我们这个建卡贫困户都是很多的，是不是？这个很多，你可以说是，下来十万块钱，这个数目也是不小，这个十万块钱的数目虽然这么大，分下来人一多，一个人恐怕也就有一百两百，这个数目还是不多。我这里还借人家有一个欠条，亲戚的这个，今年的，六月九号啦，没办法嘛，我欠你的，你要，我就从（别）人家那里借来，还给他啦。利息有哇，一个月两百块，你感觉到，你这一步走不过去，非要你来帮我扶一下，有什么办法？但我跟他借的钱，说的二十号，你二十号要还给人家嘛，你再从别人借来，还他过去。但我这一步跨不过去非要你来扶我一下，那我才跨得过去，有什么办法？

（问：**这边有没有民间互助会？**）没有呀，我们这边有红十字会什么的，他一年帮我们三期这个，一年补贴四百块钱，是属于民政下来的。一年四百块，就是这样，我真没办法。就是农民嘛，我也想办法，本来我就想，我把老婆的工资拿过来。现在我老婆就没办法，马上孩子九月上课、上学了，八千七，这个是一分少不了。没办法，我心头真是着急啊，我去到地方去借，借了把人家这个还掉了再说。（问：**有没有希望以后政府或者大爱清尘在这方面做什么事？**）这个问题我们都不好说。其实我要是说，我这个人说点心里话，我要是说我没有这个病，我肯定不愿意要这个。这个对我来说，并不光荣，但是我有时候我还真……我抬不起头。但是我也没办法，我维持不了,你不给我弄这么个,我也是这样过。这样过下去,社会上,政府,国家,它也有个眼睛的,也调查、访问、走访,也知道我这个情况。(问:问题是他们很多不知道。)我反正呢就是,刚才你说我们有个什么……其他我也不是说依赖,也不说什么,靠这个渠道依赖政府,我不是这种心理,我要是这种心理我那个时候都不能那么拼命。这样自己劳动来的,我都是……光荣,我至少心安,就是这样,是不是?我现在就是要求,如果想法的话,就是政府多方面渠道,我们究竟也不知道属于哪些,但我们都知道哪种渠道我自己去就可以了……帮我们关心一下,我们这种……总期待,多种渠道嘛,关心一下我们这类……但是我们这类建卡贫困户,都不是说人愚蠢,人不做、好吃,我就不是,我就是这个病把我连累到了。(问:建卡贫困户有哪些实在的帮助吗?)有,有,一年就是买农合医保,新农合,这个是政府给我们交,我们自己不掏钱去,这个政府给我们进的农合。再就是一年这个孩子读书,一年有一点补助。像我小孩在庙坝镇读中学的时间嘛,反正是每年补助,每一学期,半年补六百二十五。还有每年春节有两百块的慰问金,基本上就是这么些嘛。还有就是镇里搞了一点路到家里来,这个一米能够补助你三十块,如果是到我家里来,铺一点人行道,好像是一米三十块,基本上就这些了。其实像我们这个,你怎么说……(问:扶贫方面有没有些措施?)扶贫这个……为什么说有些措施?(问:有没有再办个低保?)没有嘛,至少你帮我把(过好)自己的生活,也可以。他这个医药方面,是属于你真是去住院、门诊这种,能够给你报销,报销的也不高哈。像我们这个就是非要在指定医院、大型医院,有正式发票。你像我们这个病,我刚才说的,你要正式发票,我花了多少钱,没用,不实惠,没用。像我那个草药医生,我一年要花一万两万,那肯定没办法嘛。生活根本都没有补贴,没有生活补贴。

中专有一点，有一点生活补助，具体补助多少，一年跟一年他们都弄不好啊，他说他们一个月补助三百块嘛。你像他上一次不是……我具体找不到，这次上学我准备过去下，因为他们学校不是放暑假回家，不是送那个给家长的一封信，又说那个学费要免去一些，要免学费。我不知道那个是怎么回事啊，但那个免还是免不了，还是八千七啦。

（问：咱们这个村子是多姓村吗？）是多姓村，大姓还是有的，像那些房子那就是大姓，现在少，有是有。像我们文家就是，像我们这个姓，姓文的，下面就是那个兴旺村，有一个都是姓文的，但是他不光是他那里，我们都连入他们，都一起的，都是一个老头子下来的，就是这样。互相扫墓，没有去了，就是祖先嘛，也就在（有）那个石观音，保留了。就是扫墓嘛，一起吃个饭，反正就是这样。还有就是三年开一次会，整个就是在一起来，那个就叫家族会。（问：现在还有族长吗？）有，（其他的）也说不好，去年的活动，就是八十岁以上的老人，统计有多少，每个老人给一点慰问。就是两袋大米，两壶菜油，还有一点小东西，什么饮料啊，这些，就是表示一下，对这个老人，八十岁以上的高龄老人慰问一下，那也不是年年的。他这个费用都是要整个这上面取，都集资嘛。（问：有没有在外面做生意比较有钱的，他来出钱？）现在还没到那个程度，就是他出来做事，大家都响应嘛，反正都是这样。（问：咱们这个文有什么来历吗？）那就说很早的时间，我们这个文在很早很早以前，有一个将军，就是平复西辽的时间，那个时候他是叫……最后那个奸臣把他害了，捉起来关到监狱里去。就是关七次，就是关进去再放出来，关进去再放出来，关了七次，他最后把名字换掉了，改掉了就不叫我们这个……最后就叫文天祥，就是他。我们祖籍是大竹的，四川大竹，过了好多辈了。（问：有没有族谱？）有，有这么厚一本，新的老的都合在一起啦，2013年新合的。这个就是我们那些族长嘛，主要任务就是这个，有的当官员，这个是银行行长。（问：**能在上面看到你的名字吗？**）我们都上不了前面的介绍，在这个上面名字……名字好像有，我们这个都是发的，看你愿意出多少出多少。看这里嘛，我们都有，四十二，四十三世，文××，这个是我儿子，这个有字。我反正……翻的时间很少。我们这个巴山县的全部都有，整个文姓的，全部都有。别的姓都不知道了，我们不管别的姓，姓文的每一家都有。

（问：**你的药还在吗？**）不在的，我没吃了，现在我一个星期都没吃了，都不开了，就是些清肺的中成药。我有八十岁的老妈妈，负担很重的。我孩子他现在的中职还不一定的，要是高职还可以，中职不一定，反正一直给他做思想沟通。

> 雷英昂：
>
> "我害了十年病，我就觉得人的一生就是一个……无所谓了。我现在就是啥子都做不得，气也出不赢，我的女人太辛苦了。"

访谈时间：2018年8月23日
访谈地点：雷英昂家
基本情况：雷英昂，1963年生，患尘肺病三期，2008年发病。1994—2008年在陕西金矿和山西煤矿打工。未得到工伤赔偿。低保户，住院费用能部分报销。家位于九重山景区内，田地基本被集体征用。雷英昂本人长期居住在城中，照顾在城内读书的孙子。家庭经济来源主要依靠在外打工的儿女以及妻子的务农收入。访谈时雷英昂气喘得很厉害。

我爱人出去做工去了。在村里扫公路，义务的。我得了这个病，吃低保。他们大队有些小活就是要那些吃低保的人去做。我就是说话要休息些，走路就是带坡坡的路不行。二十几岁就出去打工了。之前，初中三册没读完就不读了。家里那时候有两弟兄，我和哥哥就分了家。我结婚结得早，18 岁就结了婚。老婆是附近的同乡。我打工是接近三十岁的时候才去的。那时候就有娃了，大的两个是妹儿，老幺才是儿。老幺的儿子都有十岁了。我是 1963 年的，属兔的。

我主要是个人保养得好。我最近是放假才在家里。学生上了学，我就在城里带孙娃子读书。孙娃子读书时我就自己保养。我蒸百合、蒸鸡蛋、蒸蜂糖那些，蒸去吃，所以能保养得好。我就是热天还没得事，就是害怕过冬天。冬天再穿得厚，都觉得冷那么一点。冬天时，学生上了学，我就要带我那个孙娃子读书，在城里头。城里是租的房子，半季要千把多块。

我的病是 2008 年的 8 月间就开始吐血。发现过后，最后我就找到他（指村医）。他说要到疾控中心，我就到疾控中心去。疾控中心给我拿些药来吃，我吃了半年多时间。最后他们叫我去重庆检查，我就到重庆去检查，我在重庆检查两道。去检查两道过后的结果，

图10　访谈中的雷英昂（左一）

我娃儿们都不相信。他又带我去重庆歌乐山医院复查。检查出来还是那么一种，结果都是一样的，叫矽肺。

（问：您去打工之前家里有多少地？）地多了，我们是山坡，地多得很。现在我也做不来活了，都是女的在种，都是旱地，种苞谷、洋芋。我们喂头猪，就只有苞谷、洋芋。林地哪有啥收入？啥收入都没有。出去打工之前，苞谷、洋芋那是种了好几亩。我分地的时候四个人，和哥哥分家后，我还有父亲、母亲和妹妹。他就是有个女儿。我两个妹妹是个双胞胎，我两个弟兄一个跟一个。他们也是四个人，我们也是四个人，那个时候分家。去打工之前的收入就是苞谷。苞谷喂了两头猪。因为我们这个（得）卖，没得人来收这个。我人又不能够吃这个，就是喂两头猪，鸡都没喂，鸡都瘟死了，喂到斤把重的时候，说给你倒，几天过后一下就给你倒了。到哪里去找钱？没得钱。

图 11　雷英昂家，梁上悬挂了腊肉

我第一年出门，我小的才半岁，那是 1994 年，我 31 岁。家里有小的，没得钱，就非要出去打工。在这里没有挣钱的地方，没有那个收入。人毕竟是要用钱噻，那个时候我们出去挣钱，一天挣十来块钱啊。我就在潼关的金矿，好多人在外面打工，就说挣得到钱，一个月下来好几百块钱。那个时候一个月能挣几百块钱就觉得很可以了。那时候一般在家里挣些小钱，也就百十来块钱。家里挣小钱就是采药材那些，整个那个山上都被采空了。我们山上主要是采重楼（注：一种药材），还有那些小药材，丹参啊杜仲啊。一天来说，挣得到几块钱，就没得意思。那个时候一年的开销虽然不算大，但钱不好挣。那个时候的钱，我们这些劳动力来说，一天也就几块钱。那个时候送礼，就是亲朋好友办个什么酒席啊送礼啊，两块钱。多了送不起嘛。那个时候幅度只有那么大嘛，有些还收一块五。

（问：咱们这里亲戚关系挺好的？）特别那个亲戚关系嘛，现在来说，亲戚关系实际上是相当热闹的嘛，最重要的关系嘛。嫁女啊，娶媳妇啊，这些都是相当热闹的。我们这一姓没得几家，附近也都没得好大的姓。都是单家家，几家人的姓。我出去之前，我家基本算是中等上，在我这个山里，我也不在人前，也不在人后。和我一样的差不多，基本上就是平均数。但是像得我这个病的人，我们这个大队也有好几个。只不过是有早有迟。得的早，得的迟。我算得上得的早的。我就是我的后人和我的女人，对我相当可以。叫我不做啥子，不去累。所以说我最后就带个孙娃子到城里头去读书。我就啥子没做，就一个人做三顿饭吃。他在学校吃两顿，学生早上和中午都在学校吃。他晚上回来，我弄一弄给他吃。我在那边，我跟你说，就是保养得好。就是我那些后人啊，我那些女婿啊，给我买的干百合。百合蒸蜂糖也是润肺的，蒸鸡蛋都是润肺的。我关键就是吃这个。我就是咳了累，一咳咳不到几声血就起来。我就只能尽量不咳。感冒了就吓人了，感冒了就不得了了。热天啊，那个春天啊，还可以，害怕的就是过冬天。冬天我们这个地方还不算太冷，最冷的时候就是零下个四五度。雪就是落下来，天把时间就化了。我就是最害怕冷，穿得再多都不暖。我们现在冬天来说的话就烧柴禾。我在城里头就烤电炉。就是进了九、最冷的时候，睡觉把电炉插进，铺上热乎了就拔了。特别是我有个孙娃子和我一起，那要是烧了狠了，对读书就不好。

（问：你当时出去打工是怎么出去的？跟人一起还是自己？）都是有伴了才出去，那都是亲连亲那种关系。我哥也出去过，只是他没得事。像我们出去就是打钻，他们出去就是出渣。最开始在潼关的金矿，那时候是私人老板。我们那个时候出去打工的话，基本上没说是要扣个合同啊，要学习下，那就不像现在。你像现在那是原则的了，要考试，要学习，啥子都要讲条件。像我们那个时候出去挣钱的话，只要老板一声令下，今天干就开始干，基本上不讲啥子条件啊。叫你打钻的啊，不管你有没有 15 岁，没得这岁你也得去做。像现在，你基本上要是开个矿来说的话，那个政府啊监管啊那些，都会来监管你，那个时候基本上都不存在。只要老板说今天干就干那种。就不像现在，现在基本上去打工都要培训，要来培训你几天，培训过后还要考试，才允许你做。啥都要讲考试，身体也要考，知识也要考。

那时候一个月在金矿山上就是挣得个几百块钱。像我们打钻的，他就是说，我们雷管、炸药给了你，你打那个金子，好多钱的，你算下来就说是你一排炮打了过后，估计总要剩一点。打钻一个人又不行，在那个上班为啥要三个人？一个人压水，有时候有水，有时候没得水。一个人就是给你当徒弟，那种要三个人才得行。打钻和放炮是你一套的活，打完了你就要装药啊，装好了就要点炮。那要说危险，自己要多担待些才行。要把雷管、炸药啊这些一道除了。所以每个月赚得不固定。就是说你干得好，运气好，就多得点。运气不好，就没得金，就说那个。

那个时候口罩有人带啊？基本上要说是你住的那个地方，那个老板没要求你戴口罩。那时候觉得自己年轻，就没得什么事，背打得住（注：扛得住，方言）。那就不比得我们现在来说的话，背打不住了，那才晓得。那时候基本不晓得，不晓得什么叫作矽肺病。干一天活下来鼻子嘴巴里都是灰，洗了就好，就休息了。一起工作的人也没有人不舒服。那时候都是年轻人，基本上都是年轻娃。吃个人的，没包吃住。没得生活费了他给你支，支出来个人去买，买来几个人在一起生活。也有一些老板会请个人煮，吃大锅饭，但那很少。住就是搭的花胶纸的棚棚，只要把屋子遮住了就行了。冬天也冷，夏天也热。金矿山上我就工作了十来年了。今年在这个地方，明年在那个地方。今天在这个地方好像干得不顺心啊，经济收入不够好啊高啊，或者不好干那些，都会不想干了。就再找一个地方。但都是金矿，干了十来年。最后金矿山上没得好多金了，慢慢最后我又到山西，1997、1998年那个样子。我们在煤矿山上又干了十几年。合起来出门打工了二十几年。到山西去，我们也是当炮工。采煤下来，采下来过后，还专门有人上敲的，拉个板板车就上啊，把它运出来。没得大窑，都是一般小老板。两千零几年过后了，一个月挣得个千把多块钱。之后随着社会经济的发展，也就挣得多一点。钱挣得高，物价也跟着涨。那要是一个人只凭劳力去还钱，你再做都觉得不够。

人你说，要是能当个啥子包（工）头，要是有几个人给你做，那钱还来得轻巧一些。你像我们没得那个命运，只凭靠自己下力去挣，一个月能有三四千都觉得不得了。没得那个命运去包工，想还是想，肯定想找几个人给我做，轻巧些是不是？但实际上就是，没得那个命运。但你要说人人都能包，哪个给你下力？人能包一点小活，一点大活，那都是有一定的命运的。命运很重要，我得这个病也是叫命运。你像我才四十几，就得了这个病。原先我这个人站起来，也比别人高一点。有时候，些把人，三两个人肯定奈不何我。我身高一米七八，要是打个什么架，三两个人把我按不下来。你现在就是说，人得了病，呵呵，万般都要讲理。命生撇（注：坏，方言）了，比啥子都撇。命要是好了点，你当个啥小包头啊，那个挣起来的钱，你想我们想肯定是在想。我出来一二十年了，哪个不想，当个小小的包头啥啊赚钱，关键是没得那个机遇。

在山西住的是窑洞，最后才改为砖房。金矿就是在哪个地方开个矿，就用花胶纸，把它多搭几个棚。在煤矿山那时候，最后就改为砖房。最后通过就要身份证啊，把你这个人弄去体检。其实基本上，像体检来说的话，是在2007年的样子。那个时候体检我基本上没得啥子。体检那个时候也拍了片，拍肺部没得问题，但也没签合同，没听说过那些事情。煤的这个烟，能吐得出来。有说是吐不出来的，只有这个金矿。金里头含矽，它就沉在那个肺上去了，就吐不出来。那个煤，它有氧化，它吐得出来，这都是后面才知道的，说不来在金矿还是煤矿的时候得的。钻洞子的时候都有烟，原先到2007年的时候，都没听到说过哪个是矽肺病。特别是在2009年、2010年的时候，才听得到说有矽肺病。那个时候我就已经得了病了，就救不回来了，就在家发病了。吐血是2008年的8月间，突然就吐血，他们就说是我有结核啊那些。回来一检查，就去找他（指村医），就说是到疾控中心。我就到巴山疾控中心去检查。一检查就说是有矽肺了，最后我也就没出去了。保养了好多，但其实都没得用。一感冒就咳嗽，开始吐血。感到难受就开始吐血，有时候一吐起来，半盆半盆的那么多。吐血那段时间，人就不像人，脸上发白的那种。就我现在有两年多时间没吐血了，特别是我自己保养得好。我长期吃药，天天都在吃药。我那个矽肺病十年了，天天吃药，就把那个肾也吃坏了。我现在吃的是前列腺炎的药。我有前列腺炎，在巴山县医院还做过穿刺手术，看是恶性的还是良性的。查出来过后是良性的，反正就要长期吃这个药。也没得多大效果，稳住那样的感觉。我病多得很，周身都是病。药是我儿在万州给我买的。我每一个月吃药要好几百块。专门针对肺的药有好长时间没吃了。就是保养为主，关键是蒸百合吃，每天早上都吃一碗。

（问：一起出去打工的都是亲戚吗？）有时候有亲戚带路，有的时候没的。这个出去打工嘛，反正要说是，走的来的去的都是朋友那种感觉。年轻的时候我一般都是一个人，以朋友为主，出了门就是靠朋友。在山西煤矿的时候，都是我们罗江乡的啊、庙坝乡的那种啊，都是挨着乡的那种感觉，不一定真得有亲戚关系，同伴里也有得尘肺病的。像我们梁这边樱桃溪有一个姓袁的，那还比我小十几年咯，我们还是干兄弟那样，去世好多年了。去世的很多都是年轻人，三四十岁的、二十七八（岁）的都有。大家发病的年纪都不定。但之前都没觉得是病，都觉得是感冒的那种，都是后来才有得了解。我也是来普查了过后才确定出来。但之前病了多少年了，我到重庆去检查，没说出来啥子个原因，没说出啥子个道理。我一问，我这个吐血是啥子个来的，他说不出来。那些医生都说不出来到底是个啥子。就是吐血，吐血就到医院去治，把你血止住了就够了，就不晓得我的那个血是从哪里来的。就是感冒不得，一感冒一咳嗽，咳到两三声的时候，血就起来了。最后，政府，也是重庆下来的一些医生，他们在那个疾控中心组织起来，通知我们这些乡下的，凡是有病的都去检查。检查出来，他们才确定叫矽肺病。

我是低保户，知道我吐血，大队就看到我可怜那种感觉嘞，来不得做啥子活了，就给我评的那个低保，评上大概是2013年还是2014年。吃低保就是一个季度下来可以有个五六百块钱。我吃低保的原因就是，像我去住院了就相当便宜。住院他们民政上也报了，我只花得到八九十块钱。像我去住院，民政不报，我就医不起。像我在巴山县医院、中医院住院过后，反正我一天只花得到个八九十块钱。你要是照每天单子上看，就是三四百、三四百。只有去正式医院住院才报得到，要是平时去买药，像我买那些药啊，只能够拿到大队，还有那个村里面去，多的时候能讨得到一点。蒸百合和蜂糖是一个医生告诉我的，唐玉泉（音）就教我吃这个。他还教我一个药，相当贵，叫贝母，专门止咳润肺的。

（问：你年轻的时候抽烟喝酒吗？）年轻的时候抽烟喝酒啊。从2008年8月自己吐血了，就说是带结核，叫我莫抽烟莫喝酒，就是那么的，我就不抽烟不喝酒了。原先我是一个大烟瘾噢，一天要抽三包到四包烟。2008年的时候也是在外头打工。打工那天中午，吃饭的时候喝了一瓶啤酒，一瓶啤酒喝了过后，那天晚上睡到这个半夜时候那种感觉，忽然那个心头好像一股热就吐出来。吐出来我哪里晓得是那么一回事，吐在地上才是那么一点血。那时候还是在山西的煤矿，感觉身体不适就回来了。回来了，还是吐血，我就问他（指村医），他就叫我去疾控中心。疾控中心检查，就说我有结核，那么我就一直没有出门了。

家里收入那时候来说的话，我的娃儿有两个打工了。几个娃书都还是读了，就是读到小学。那个时候我那个小，他也是多一下读不得，我给他说好话他都不读，十二册啊、十一册啊读完。他现在来说的话，比我还是要好一点。他现在在万州一个长安集团，给他们当厨师炒菜。他之前就是一样的那套，也做过煤炭，最后没做得好多长时间。就从我这个病一开始，我就叫我后人不要去洞子之类。最后他结了婚过后，就到浙江去。最后就到万州，现在好多年了。从他挣钱，那还是没有磋磨（注：让人操心，方言）过我们大人，叫屋里给他寄路费钱这种。他都是个人，一年还多多少少拿点儿回。除了他的生活开支嘛，多多少少拿点回。

2008年的时候，家里经济还是存在困难的状态。最后要是去看病，就是我有两个女儿，多少给我寄一点。然后那个幺娃儿她成了家过后，她们在一起打工。我后来吐血，她们哪怕就是朋友那里借啊，她都是多多少少给我寄了点。就说是在吃低保的基础上，我还能去住院。要是说没得这个低保的话，像我就是说，医不起。我一般要不去住院的话，花不了多少钱。吃的话，我们来说就是土豆，像我们这个土豆吃起来相当可以，它不麻人，好吃。我们基本上，主粮来说啊，（现在的）玉米不能吃。这个吃了，像没出去在家的时候有吃。那个时候吃的是老品种，老品种吃起来软和，有营养价值。

像现在那个洋种来说的话，吃起来没得什么味道，产量当然高些，但人吃着不好吃。一亩地下来，可以收个五六百斤、六七百斤那种，但今年就不行。老品种就没得这么高，就只有四百来斤左右一亩。但老品种就好吃，吃起来糯些。现在都是每年籽，得单去买，我们没有籽。

现在来说的话，我又没得活，是我女的一个人种，她要种个三四包种子，一包两斤。我女的太苦了，活相当沉重噢。还要种这个，还要喂两头猪。原先在养羊，都是她带去。最后我就看那个她太苦了，我就把那个羊出了，就没养了。我的女的她膝盖也疼。我的病就是属于我原先发觉了过后，就吃一个药，在重庆的歌乐山买的药吃，吃了一会儿不长那个结核。我女的腿膝盖又疼。一痛起来了有点发肿，也不知道哪个原因。她就在我二女那边，在江西，她去医腿膝盖。我就在我屋这儿喂了两头猪，那个时候还有钱。我就是那一年一人住了过后，下半年就犯了。犯了又开始吐血，最后又去住院。我现在就是啥子都不得做，一做就背痛得不得了，特别是气也出不赢。现在只能干点小活，走不了几步，气上不来，喘得很。现在我女的就种两三亩地，对面有一块地被大队征用了，搞旅游开发。每亩一年给我们七百块钱，我家被征收了三亩，她这个人好胜心强，作为一个农村人呢，我又做不得，她又不想落这个骂名，说某某人做不得啊，家庭中啊赶别人不行。她又不想落这种，好胜心强。现在有啥子收入？没得个收入。收入就靠玉米，喂这两头猪。要是说自己一年不那么好吃，只吃那么一头，卖一头，卖那一头的钱，那个就是叫收入。现在外头是有借点钱，但不多。第一次政府组织来查，我那时候才一期。一期基本上还没得好大的事。自己去鉴定，要花好几千，才做得下来。之前去看病的时候也要借钱，有时候没得经济，就只能借亲戚朋友的。都是亲戚关系，也就不算利息了。

（问：打工时一个月要给家里寄多少钱？）2000年过后，一般都是能够挣个千把多块钱。自己可留可不留。反正生活费吃完了就到老板那去结。2000年那时候，我小的娃才十二岁，读书在罗江小学读的。没有在家的时候，你一个月多少都要钱来花。两三个小的，一个穿一套衣服都要几十块钱。

（问：妻子身体好吗？）她反正从结扎后身体就不好。结扎是1990年的下半年。她没在屋里，她要在屋里可以给你们看。哪个女人都有小肚子。她从那个结扎后，她没得肚子。她结扎的那个地方就窝进去，很深的那个地方。

（问：你现在觉得最困难的是什么？）现在社会那么好，你还有啥子可说的。啥子都要国家把你喂起来？不能呀。我又是个农村的是不是？我实际情况就是，热天看上去还行，就害怕冬天。冬天就是穿得再厚，都还是觉得冷。要说帮啥？我也不好意思说……我就是冬天，想要个吸氧的就可以了。冷空气一点都吸不得，一吸气就上不来了。

我害了十年病。我就觉得人的一生是一个事，我觉得无所谓了。人反正活100岁都是要死的。只要是身体好，活100岁都不想死，是不是？病了后，就都觉得无所谓了。

（问：咱们这里有没有病得很痛苦，自杀的？）也有，就是那个王文学（音），刚走了一个月。受不了了，就用刀子把自己割了。他比我小一岁。反正这种事都有。有些人觉得，把后人也拖累到了，自己活起也找累，又不能够吃，活也不能做。他自己觉得人生活着没得那么个意思，他就想早点死。也有那种得了病后，女的跑了的。

刘定石：

"关键是喘气、咳血，冬天就会感冒。我们建卡贫困户基本都是养鸡，我还在景区开三轮车；还是要把家撑起，不要让老的小的饿到冷到就好了嘛。"

访谈时间：2018年8月23日
访谈地点：刘定石家
基本情况：刘定石，1967年生，2007年发病，2014年查出尘肺一期，未得到工伤赔偿，为该村建档立卡户，但由于怕花钱没有再去看病吃药。家庭收入靠妻子、母亲务农，今年开始刘定石在九重山旅游区做保安，月收入约2000元，每年工作五个月。刘定石口音比较重，语速快，访谈时大多是妻子在旁边帮忙解释。

今年 50 了，满 50。现在这个病……我有几年都没检查。就是咳，见着风就喘，关键是喘气，咳血。但是那个症状，你关键是咳不起了，干咳。像我们冬天那个时候，冬天就会感冒啊……吃了不少药，吃的药，有的叫我吃三个月，有的也……我主要的毛病就是在洞子开了三年车，有烟的，运煤的。我出去打工啊，还不到二十岁，在山西嘛，打工有二十年了，那个时候，就是那个时候得的病. 开始是拉平车，后来改了三轮车，开三轮车比较轻松点，山上烟多了，灰尘大了。

（问：房子是什么时候盖的？）这个房子修起了后，就（病了），我原来是在山上的……（房子）三层嚯。

（问：他还能不能做地里的活了？）（刘定石妻子：就是不能了，他能的话他就去了，就不用我这么辛苦了，两个（孩子），姑娘挺大了，小子才 14 岁，大的自己安家了。大的 26 了，大（女儿）12 岁才生小的那个。）

我是 1967 年生的，1989 年，我 21 岁的时候出去的。在家里就是务农，那时候读书是五年读小学毕业，初中读两年。我比较顽皮嚯，初中没毕业，那个时候成绩不行，根本就没有读。那时候老师不去讲题，我缩在角落，就知道读了没用。读到十几岁过后，生活

图 12　为刘定石家外景

困难就出去打工，1989 年就在外头瞎转了，打工就在山西，去了山西太原。（问：当时是怎么想的去山西的？）那挣得钱多噻，那个时候钱多，一个月下来一千两千块钱，我一想钱多噻，就去劳动了，打了十几年工。

（问：原来务农的时候家里的收入大概是多少？）那个时候家里就没得啥收入，劳动了一年基本够吃，那个是七几年、八几年。（问：出去打工朋友一起出去的吗？）去山西打工，那个时候，老家的房子要盖，家里那条件又不行，就出去挣钱嘛。为了改善环境噻，就山西那钱嘛挣得多就去了，那个工资高些，那个时候的钱嘛，能挣三两千块钱。就是拉平车嘛。刚开始就是拉平车，拉了十几年。（问：是一直在一个矿上工作吗？）换了几个地方，那时候就是在好多个地方，现在矽肺病是开三轮车的时候，在洞子得的。那个时候北方又冷，冬天又干，感冒还没有好完还要去上班。你现在搞那个煤，冬天就不好。（问：冬天会比较严重吗？）冬天时早上起床来，一般都冻，我这感冒了咳嗽。（问：当时在煤矿也没做什么防护措施？）口罩戴起，那个不戴口罩受都受不了，但是不管用，那个烟子太大。那个时候就没现在严重。感受到的时候就是咳，不能喘气噻。

（问：哪年查出来的尘肺病？）盖房子那段噻，就是那个政策有一个免费检查来着，是2014年还是2013年的时候。（妻子：他是2007年开始病的，自己咳，自己发现了身体出毛病了嘛。）2008年的时候，我在洞子开车的时候。（妻子：他爬那个坡呀，就累，就咳，他那个在地里，就干活都不行了。）（问：那时候去查了吗？）（妻子：去检查了嘛，去检查了。）2008年那个没有去。（妻子：先是在那个医院去检查了一下，那个是哪一年啊我记不清了，他去检查了，最后又通知他去检查。）那个是2014年的。（妻子：2014年。二期，他比较严重，检查他是一期，但他是比那个三期都严重，那个三期他还可以爬那个山，还不累，但是他就太累了。）（问：现在也是一期？）没查了，不知道。就检查了那一次。（妻子：他自己不敢查嘛，你说一个家庭那个，一个男子汉都倒下了，我们只能下苦力（挣钱），怎么有钱去治、去吃药嘛？）

（问：这个药、检查都是自费，没有报销吗？）（妻子：没有。就是检查嘛，2014年去检查那一次给了一千，过后了都没有。）2008年之后，回家我就再就没去了，没去，2010年就买这个车了。[妻子：他那个实在是受不了了，他进洞子那个烟子啊，就在家里面那个柴火一窜起来的烟子他都受不了，炒菜那个油烟他也受不了。他得躲得远远的。(2008年)之后就是，一直就在家里面了。(以前在)山西。那个时候没有（劳动合同），后来他去的那个煤窑都倒闭了，那个老板有开江的，达州的。他换了好几个煤矿，就是小窑嘛，那个黑，小煤窑，私人开的。没有国家承认的那一种嘛。就是工资稍微高一点，偷偷干嘛。就是哪里的煤窑工资高他就去哪里嘛，根本没有那个（保护措施），后头他们得了这个病，不干了，才有这个政策。但是他老板都不干了，你就不可能去找他吧。］

（问妻子：您也出去打工吗?）［妻子：我就是在附近做小工嘛，那个……就是背砖，给别人修房子呀，混那些混凝土啊，就是干这些嘛。开始只有七八十块钱一天嘛，现在就有一百二、一百五，活很少的。（主要还是）在家务农嘛，像我们这走远了又不行，家里有老有小，还有七十几岁的老人，在坡上掰苞谷去了，去背，我都在背嘛。就一个老人，他的爸爸跟了哥哥了，他们是两兄弟，妈妈跟了我们了，她身体还可以，老人身体比我们的好。］（问：有多少亩地?）［妻子：现在没种多少了，我们那里有地又远，出门都上坡，很累的，我们这个条件都不行，没有好地。总共的土地有十几亩，但是现在停了耕，耕的就只有几亩地吧。种苞谷，土豆。（老人）干活去了，老人外甥他们回来避暑，他们家在四川自贡，回来了一个月了。］

（妻子：家里孩子一个成家了，下半年小的那个儿子初三了。）要考高中了。（问：大孩子读了多少年?）（妻子：大孩子也就是个初中毕业嘛，在重庆读了一年，就是她爸得了病，身体不好嘛，她就不读了。他爸爸还要她读，但是她爸爸身体不好，她说我去打工，不用你们给钱，她也就留在重庆嘛。开始也只有千把块钱，现在在自贡，一个月才只有三四千。她又生了二娃，现在是产假，回来休产假的嘛，小的那个都马上三个月了。）

（问：刚诊断出来矽肺病的时候心里是什么感受?）那我现在就这么活呀，那还能有啥嘛，就这么活呀。（问：得病之前对这个病有什么了解吗?）得了病刚开始就是咳嗽，走上坡不多就咳嗽。那个时候知道是咳嘛，但是没那么重视，当初是感冒咳的。（妻子：你想嘛，家庭贫困，加上那个时候也没有房，我们还在那个山上住，我们为了家庭嘛。自己只有抵抗得了，当然知道自己身体出了毛病，能够抵抗得了，他就要尽力要去挣钱嘛。直到受不了了才不去了嘛，知道是咳、喘，又不知道是矽肺。）（问：身边有工友也得病的吗？）（妻子：多，很多，就一个在这一方，一个在那一方，就没在一块聊过吧，交流不是很多。）

（问：家里还有其他的亲戚吗？）〔妻子：他有哥哥，有妹妹，都成家了。）（问：这个房子是什么时候修的？）（妻子：2002年修的这两楼，上面那楼是2014年，那个时候我们地基也是别人的，是借钱买的，加起来花了有十来万了。开始就是自己没有钱嘛，亲戚啊就支持我们，先给我们垫着。先把房子修了，他就再去打工，后面还的，都是借的。反正就是我们不是一次性把（房子）修好的，就（是）把筑基打起来了，他又出去挣，挣了又来搞一下。我们2002年修的，2004年才下来住的，才搬下来。（以前）就在那个老山上，一下大雨就过来不得，我那个女儿在罗江（音）小学读书嘛，就是隔河了，你隔那几天都过来不得读书。〕（问：现在您吃药吗？）〔妻子：没吃啊……没钱啊……反正就是少去下地，少去爬坡，多去保养……（制氧机）没有。〕（问：有没有吃中药什么的？）有，刚开始吃。（妻子：刚出来是吃了几次，就喝中药嘛，就是头晕两次，有用，接着喝，喝着就没用了，就没效果了，就不喝了。）（问：现在病情是怎么样？）（妻子：反正还是一个咳嘛，有时候咳严重了，就出血，就是比较严重嘛。我们也没有什么办法，也没有什么钱，有钱多好去治一下，现在负担也很重，又有老，又有小。）（问：大女儿那里有提供什么支持吗？）（妻子：大女儿那边，哎呀，自己也才刚安家，刚安家才买了房，又生了两个小孩，现在的小孩要的是钱花。反正在困难的不得了的时候她能支持也支持，一般的时候我们都不要她支持,(她)自己也才在起步嘛。)(问:现在家里每年的收入能有多少?)(妻子:现在……也说不准,反正两千都有嘛,你把种庄稼这些折成钱嘛。)花钱治个病就没有了。(问:孩子教育花销大吗?)(妻子:他现在是初中,花费还不是好大,而且我们是建卡贫困户嘛,他们的生活费都是由上面补助了的,现在学费还不高,学费只有两三百块钱,孩子读书暂时来说还是没有问题,上了高中可能会困难一些。上高中他学费呀、生活费高一些了嘛。)(问:建卡除了生活费、学费还有什么支持?)(妻子:就是像医疗保险啊这些啊,都也没有收过,都是这个政策……)

图 13　刘定石(坐在中间红色长凳上)在接受访谈

(问:哥哥也出去打工了吗?)(妻子:没有,他哥哥有两个孙子,也有个老年人,走不了。老年人八十几了,害怕出什么意外,走外面就难回来了,也就在附近有人喊干活就干一点嘛。)(问:之前出去有和别人一起出去的吗?)(妻子:反正村里都有一起去的嘛,就一个连一个，就连起去了吗，都是熟人介绍嘛。一出去了，有的在这里，有的在那里，出去的分开了。）（问：这里有自己的家族、族人吗？）家里这边人都不在，都没联系，大家都没咋联系。

（问：现在最大的花销是在哪里？）日常生活得花钱。（妻子：生活？礼尚往来最厉害，现在礼都送得大，都是亲戚朋友。就是上面住的那个，也是我们的亲戚。）他那个是属于在金矿上得的。[妻子：他那个跟他（丈夫）的情况不一样，他就是吐血，一吐都是几盆，就是上面那个。]他是我的老表。

（问：现在政府除了建卡，还有提供其他的资助吗？）养鸡呢，养鸭。[妻子：去年养的多，今年没多少了，去年养了百八十只，（收入）也是一般般。因为养鸡得挺多嘛，我们建卡贫困户基本都是养鸡，今年没有买来养，今年我不在家嘛，只养了十几只。我不在家，老年人岁数又大了，下地里又不行，所以都没有养。（得病了）能有什么想法嘛，咱们过不上好的生活，至少还是要把家里撑起，不要让老的小的饿到冷到就好了嘛，能有什么想法？就把孩子养大，他成了家，那就没什么牵挂了。你只有这个条件嘛。]

（问：丈夫出去打工的时候您在家？）（妻子：我是在家，我是带小孩，干地里活，养猪嘛。在那面山上的时候，喂四五头，还喂的有母猪，还要带小孩。农村都是这么辛苦嘛。）

（问：那会儿丈夫出去打工收入多少？）（妻子：那个收入还是高的，他干活很用力嘛，每个月开了工资就把钱寄回来，那时候的钱也就是一千多，两千多吧。）（问：您吃住开销是多少？）我自己住，自己开伙，那时候大米五毛钱一斤。（妻子：住的条件就是，弄那些树枝，铺那个渣，就是那样的房子，搭到山上嘛，都是大棚。住也在里面，煮饭吃也在里面，一个点也有十五个人的，老板还是可以，对工人可以的。工人之间……钱自己挣自己的，也没有什么矛盾。）基本上是在太原的，都是山西的，平遥那边也干过。金矿那边我只干了几个月。2010年，2009年，河南的灵宝，住在那山上。（问：自己身体已经不行了为什么还去金矿？）还不是为了钱？（妻子：为了钱嘛，一天到手那里工资高嘛，就去吧，去了身体就又是不行，他身体不行，还是没挣到钱。）没挣到钱，回来就买的车。（妻子：回来就买的农用车，别人拉货，就叫我们。现在也没多少活吧，要是活多还是可以的，现在都是大车多，就是山上大车去不着的地方，才叫上我们。有时候一个月一次都不去，有时候一个月拉个不停，没多少钱，那个收费收高了，别人不叫你去拉，反正就是一趟挣得到几十块钱，分路程有远近吧。他就是受身体的影响吧。）

（问：最严重的时候什么感觉？）就是喘。（妻子：他如果就坐在这里不动，他可以不咳，他只要一动就受不了。像下面这个梯，他都要歇一两次才能爬上来。冬天严重得很，一冷就咳得不得了。）

（问：哥哥家里情况怎么样？）（妻子：农村差不多都……又没出去打工，出去又没有文化，又没有技术，只能下苦力，挣不了多少钱，现在说比我们好一点，因为他身体好。）这个年龄，得我们这个病的多，都是在金矿、煤矿得的，都是为了钱嘛，不然为什么干？[妻子：他是先去煤矿，身体不行了，又去金矿，金矿身体不行了，才回来，买的农用车。现在地里的活呀，紧忙的时候，忙不过来，他们（亲戚朋友）都来帮助，他的妹妹嘛，回来帮助嘛。家里债没有，但是存款也没有。2014年这个房子花了有4万元，这个没借钱，是我们那个老家扶困那个钱，不是有政策，房屋要倒塌了，就给你补助。]

这个没有药能治，能控制一下但还是不好，没三年就因为矽肺病死了的，我们那有矽肺死了的。刚开始我拉平车，后来我拉三轮车，是零几年……零三年的时候。三轮车就比较轻松一些，就没那么费力,所以大家都去开三轮车,挣得差不多,就是能轻松些。以前就是开三轮车轻松些,一下苦力人就费力,工资又不太高。我现在就是在公司上班,今年五月底开始的,开了观光车嘛,现在没有开了,管交通现在不允许跑。(工资)两千多块钱一个月,两千二,开了两个多月,那个防护栏没装,那个就不允许嘛,不安全。这一年就五个多月,冬天就放假了,没有人嘛,工资也没有了,就五个多月。(问:这个签合同了吗?)签嘛,签三年合同,还交了五千块钱押金,车跟驾驶证。他培训是要花一千块钱的,开车是要培训的,我开哪个都行嘛,开驾驶(旅游车)。(问:现在管交通是要做什么?)就是来回车辆,不能乱跑嘛,不然堵车堵到里面。

王光化：

"我身体再不行，还是希望孩子念书好嘛，考上个好大学，她有出息了咱们就不操心了嘛！"

访谈时间：2018 年 8 月 23 日
访谈地点：王光化家
基本情况：王光化，1967 年生，2014 年查出尘肺二期，2011 年发病。目前未得到工伤赔偿，非建档立卡户。盖房、患病后家中无积蓄，家庭收入目前靠妻子在福建打工，并支撑正在上高二的女儿的学费。

（问：家里房子是您修的？还是娃修的？）我修的。（问：你得着病咋还能……）修了过后得的病。我今年五十一二，得病得有……五年。有五年没干活了。（问：五年没干？）嗯，有矽肺病，肺气肿。有时没理由就喘不过气，还吐血。（问：是几期啊？）检查之后几年了，检查了就是……现在可能是三期，检查时是二期。（问：你是挂牌的建卡户吗？）也不是，我不是建卡户。我找村里的支书，也不行。我就这样了。（问：你现在的体重多少？）现在一百斤。（问：这两年没有吐血？）咳（血）啊。我就是咳嗽嘛，一咳嗽，就（吐血）。就没得两天就吐血。（问：现在用的什么药？）我有吃的那个……润肺活血的胶囊。还有就是那个喷雾……就是这个……这样吸，喘不过气的时候，吸入的。这个一盒是三百二十几的，三百二十九啊。就是治喘的，一盒能用半个月。（问：那您一个月吃药大概花费多少？）我一个月吃药反正就是……得一千……千把块。（问：您当时建房子有没有补贴之类的？）补贴没有，建这个房子的时候，没得。（问：房子是哪年盖的？）盖了五六年了吧。也是那一年装修了的。没得人来用。基本就我用，还有我女儿嘛。我女儿现在高中，高二。我有四五年、五六年没干过活了。就在这，在这屋里，在这个地方就四五年了。

（问：您爱人是出去打工了吗？）她出去打工了，今年在福建。她在工厂，做鞋嘛，去年出去的。（问：她出去之前家里的收入来源是什么？）没得收入，没得。（问：您是哪年出去打工的？）我得有五六年没有出去了，之前就是我在外面打工嘛。我回来是2014年……2013年，就出去打工（少）了，喘不过气了嘛。之前……基本上年年都在外面。我是四十几岁出去的，现在是52了。我是1965年生的。（问：出去之前您是做什么的？）反正就是在那个，洞子里面干活。我之前在外面打工啊，就是干那个煤矿，在山西。干了大概……干了好几年。（问：有十年吗？）差不多吧，差不多有十年吧。（问：哪一年去的山西？）这都记不清，记不清了。（问：零几年吗？还是九几年？）九几年。（问：当时是怎么想去山西的？）你这个，农村人嘛，没有其他的经济来源嘛。没有经济来源，家里小孩念书嘛，念书就要花钱。（问：家里有几个孩子呀？）两个，还有一个儿子。（问：儿子成家了吗？现在在哪？）没有，她（指女儿）哥哥就是出去……就是走，现在的男孩子啊，不好管理。（问：儿子念了高中吗？）没有没有，她哥哥没有。（问：初中毕业了吗？）啊，初中毕业他就没有念书了，就在外面胡跑嘛。（问：大儿子是哪年出生的？）嗯……九几年嘛。（问女儿：你哥哥比你大几岁？）（女儿：大九岁吧，我是2002年出生的。）（问：儿子现在在福建？）他就在外面……就一个男孩子，不好管理，他就在外面跑来跑……胡跑。（问：能养活自己吗？）他能。他赚的钱，能够自己吃。他就不管你家，不管家里。（问：那他现在在做什么？）不知道。（问女儿：你哥哥在哪？）（女儿：在福建。）（问女儿：和你妈妈在一起吗？）（女儿：在福州。）

（问：那您当年去山西的煤矿，是您一个人去的吗？还是有人一起去？）那个时候打工，基本上就是一个人。（问：有没有什么朋友、

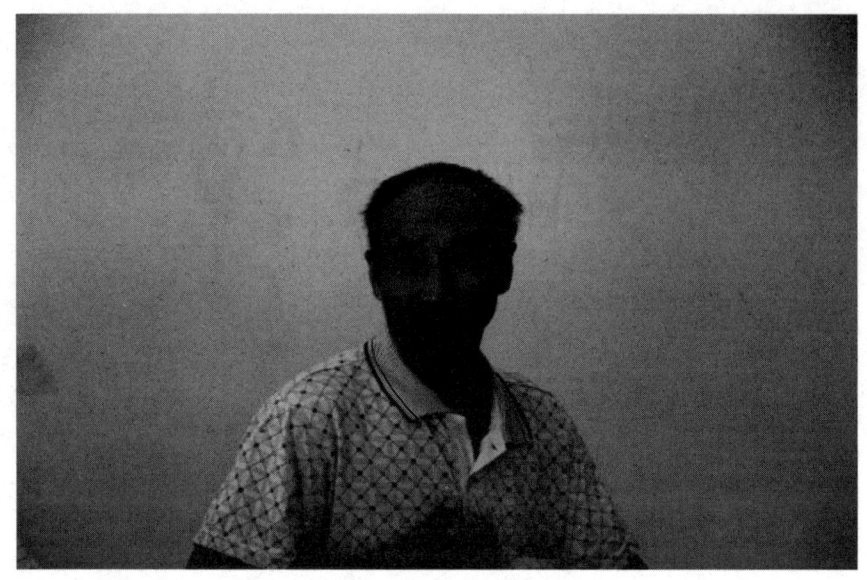

图 14　王光化

熟人一块出去的？）那有，也有。（问：去了都是在山西？到一个煤矿工作了吗？）那今天在这儿干一天，明天在那边干一天，都不在一个地方的。（问：去了煤矿之后一个月能挣多少钱？）那个时候挣钱比现在紧，一个半月就挣下几十块钱。那个时候可比不得现在，现在一天能挣得下百十来块钱，那个时候一天就是三五十块钱。一个月……一个月千把块钱。（问：寄回家多少？）都寄回家了。家里有老婆，有小孩，要吃要花嘛。（问：父母当时在吗？）我的父母死得早！我母亲去世的时候，我才十岁。我爸，我那个父亲去世的时候，我十四岁。（问：父母去世之后是有亲戚来帮着吗？）就有我一个姐嘛，她不是就出嫁了吗，她就是……照顾我。（问：您兄弟姐妹几个呀？）嗯……三个……四个。我是老二，还有一个妹妹，还有一个兄弟。（问：90年代的时候就自己出去了？）嗯……（问：在煤矿也是换了几个地方？）是。（问：是在国企还是民营企业？）……你再问一次？（女儿用方言：是在国企还是民营企业？）那时候就是私人，私人开矿，没有几个是正规国家开的。现在反正就都是国家的矿了，那个时候跟现在不一样。

（问：那个时候您在煤矿是做什么工作？）我在煤矿就是钻眼放炮啊，粉尘挺多。那时候赚钱也不多，一天也就赚三五十块钱。（问：那时有戴口罩之类的防护吗？）……（摇头）那个时候就没有想起这个要戴口罩。最近这几年出了毛病才知道。（问：跟您一起的工友互相都熟悉吗？）那呀，比如说我们在一起打工，你在这一方，他在那一地方。（问：也不怎么交流？）是啊。都是离得太远，都不是一块的。（问：一直在山西吗还是后来去了别的地方？）啊，潼关。潼关的金矿嘛，金矿也搞过。也就是九几年，金矿也干了五六年。煤矿干了七八年。（问：在煤矿那边住宿、吃饭条件怎么样？）在矿上的那个都是人就进去做一天，做一宿就住一宿……自己，就是老板还雇了一个伙食团啊，煮的饭。现在这个政策，都是上面的政策好，下面呢，真正家庭贫穷的，享受国家的（政策），享受不了……（问：是说贯彻不下来？）你……跟那个（干部），不沾关系的，你再穷，再困难，都享受不了，享受不了国家的政策。像你刚才这个全国的，国家吧，像国家的这些政策，国家照顾你一下，不像……县里面有一些，有些家庭，有车，有存款，他还是建卡贫困户。（问：还有这样的？您认识的？）有。这里。像我们，这个就是说，这个关键就是，他是大队干部嘛。（问：干部还是建卡贫困户？）他不是。关键就是一句话说，跟大队干部关系好的，对。（有的）还有车有房。（问：这样的现象多吗？）关系好的，有存款，有车，富裕的，还弄着建卡贫困户，有那种情况嘛。

（问：先去的煤窑，还是先去的金矿？）先去的金矿。（问：金矿那边条件怎么样？）金矿还没有煤窑的条件好，煤窑上的条件好一点。金矿那边，九几年二三十块钱。这么干着，就挣二三十块钱。

但是零几年在煤窑上,就能挣七八十、六七十。现在也比以前挣得多,一百来块钱。在金矿那时我都不是常年同一个地方干,我是今年在这个老板手上干,明年在那个老板手上干。那时候在金矿,金矿矿好的,就有人偷出去卖,有金矿那里偷矿,就用枪打死。(问:多吗?)不偷就没事,只要你不偷就没事。(问:那煤矿是不是就没有这么……)嗯,煤矿那个就是干点苦力。老板对工人就还可以。(问:在金矿您是做什么?)在金矿就是那个,弄那个架子车嘛,往外边拉嘛。(问:没有什么保护措施?)嗯,没有,粉尘大,没有(保护措施)。煤矿差不多搞了五六年。(问:后来又去哪了?)后来……最近这几年身体不行了就在家里没出去了。(问:什么时候开始觉得身体不好的?)2011年,身体就感觉不行了。(问:去查了?)嗯,去查了。那个时候就是,是……一几年,就是那个查的……觉得咳,就是爬坡嘛。然后就治不了,直接就去查,那个时候就查出是二期。(问:自己花钱查的?去哪里?)嗯,在那个……县医院。(问:在巴山?)在巴山某某医院。你查了过后,都上网,到网上去了,他就把你那个在网上都调出来了。调出来有什么职业病,都能看见的。(问:回来之后就没出去?)就没出去工作了。就在家里待了好多年。(问:房子是哪年修的?)盖这个房子的时候还没有生病。(问:那是零几年吧?)反正这个房子也盖了……盖了好多年了,一下子就盖起来的。那几年,花了有差不多二十万吧。自己出的钱。自己不够吧,就找亲戚来借,借了有差不多十万块钱。(问:还上了吗?)现在还有五万。这个房子盖了有五六年了,那个时候就是发现有病了,但是基本上还没有(严重),基本还能行。我发现身体有病了,有点钱就把房子盖起来。2013年盖的。我是2011年发病的。

(问:之后这几年病情有什么变化?)就是2013年盖了房过后,我也就没出去打过工了,就上坡走不了了。(问:那这几年家庭有什么收入来源?)反正就是她妈在外面挣钱,生活嘛。去年出去嘛。(女儿:从我小学毕业后,她就出去了。)(问:多长时间能回来一次?)(女儿:初三毕业那一年回来了,然后又出去了。)(问:妈妈一个月能收入多少?)在外面自己租房子,自己生活,一共……基本上一个月剩下就是几百块钱。(问:除了这个之外家里还有其他收入来源吗?)那没有嘛。(问:家里有地吗?)有哇,有地哇,有地我没有办法种啊,现在……地在山上啊。有两亩地。(问:您是属于贫困户但没有建卡?)没有,就没办到建卡。(问:差了什么?)那个就是我才说的嘛,就是那个……没有他那个关系,没有关系,就这个意思。(问:那贫困户这一块,政府会给什么帮助?)……(摇头)(问:孩子上学也没有呢?)你没有建卡贫困户,就没有什么帮助嘛。家里也没得收入。(问:孩子上学一年花费有多少?)(女儿:一年学费加上生活费,读书……一万吧。)读书一万多点。(问:这些钱怎么拿?)她妈啊。她哥哥我就不管了,男孩子不好管理。现在最大的问题就是,最大的花费就是,吃药,她(女儿)上学,就是这(两)个花费就最大。我差不多一个月就是千把块钱,差不多……一千一二百块钱。(问:有住过院吗?)我没住过院。就是那个,其他没检查过。药没有报销,都是自己花呀,只有建卡户才有报销啊。他们往山上去的那个,刘其华,他就是建卡贫困户。他吃的药费,就拿的那个大队支部,支部那边民政局,就给他报销。我们就报不了。

(问:孩子妈妈身体还行吗?)她妈身体,你说行不行,家里现在丈夫生了病了,不行也得干了。怎么管你行不行,都得干。最大的难度你想,一年要花万把多块钱。那现在在高中啊……学费半年就是两千多嘛。她这个学费,交两千多,其实还有生活费啊,基本上一天就花个三十块钱。像那个她的学费,建卡的,交了之后,会返回建卡贫困户。

（问：建卡没有申请上？）需要申请，我们申请也不行啊。就我这，就找大队支部，就去找到他嘛，他说不行。他说不行就是不行，然后我就没有。就是今年前一个月左右嘛，我去找他的。所以我就说这个上面的政策好，下面就不行。下面这个他一家人身体好好的，家庭经济可以，都是贫困户。（问：您兄弟姐妹现在都怎么样？）那都离得远。没跟我一起出去。

（问：女儿上学这边您费心吗？）那不费心能行吗！我身体再不行，还是希望孩子念书好嘛，考上个好大学嘛！谁都对孩子有这种愿望嘛！（问：得病之后就是吃药，没用其他方法治疗？）别的没办法呀，我在中医院，这个县医院这叫什么专家呀？我拿到重庆检查去，检查的那个结果拿给他看呀。他说这没有什么好的方法，说你只有休息。你这个病现在没办法。哎呀冬天困难啊，不能感冒，一感冒就咳嗽，一咳嗽就肺气肿。肺气肿这个病，你坐着动都不能动，一动就喘不上气。关键是不能感冒，容易感冒。我这个几天就咳嗽，就咳血了。（问：孩子妈妈是读了几年书？）小学……一年级。我小学读三年级，我爸妈去世的早，没什么钱能让我读书。（问：然后就种地了？）对呀，那个时候种地……家里差不多有五亩。那时候三口人，我下面有一个妹妹，还有一个弟弟。姐姐嫁人了，嫁人了她就管我们。姐姐比我大个八九岁。（问：所以弟弟妹妹也得靠您种地养活？）嗯。弟弟妹妹他们自己也就成家了。在外面打工，我妹妹嫁得远，在巴山。弟弟在外面打工。（问：会给您家里一些帮助吗？）他自己一家人打着工，不能帮你家里了，在外面打工一过年就回来。（问：那时候种地都是什么？）那时候都种玉米、土豆、黄豆，种点玉米土豆啊，把自己肚子填饱就对了，那时候就别的没想去。（问：出去打工之前一年能挣多少？）那没有钱，就是自己吃。

（问：在金矿的时候也经常换吗？）金矿换得多，一年都换几个地方。比如说这个地方是这个老板的，干一个月两个月，他活不好了，你就出去到另一个老板那找活干。有活才能干。（问：煤矿能稳定点吗？）煤矿基本上比金矿稳定，基本上找一个地方吧，做几年或一年半载。金矿干的时间要短一点，一天就是五六个小时、六七个小时，那累得很。煤矿，那就是干八个小时。（问：事故多吗？）煤矿事故多，但是比金矿要好一点，洞里边还有鼓风机啊，通新鲜空气进去啊，推进去。（问：在煤矿签了劳动合同吗？有保险吗？）没有啊，没有。那时候想都没想这些问题。那时候老板他也没有管这些。（问：多久回一趟家？）那时候一年回家个两次嘛。那时候家在山上嘛，房子没修下来，我老婆就在家里带孩子。（问：打工这几年总共挣了多少？）那个没有，没有记不清，一年自己吃吃花花嘛。有时候当年还不够花，有时候也挣得多一点，花了能剩下。基本上就是有时候，活不好的话，吃吃花花都没有了。好的时候，一个月干把多块钱，那时候赚钱不是现在，现在赚钱多一点，现在工价都提高了。（问：那时出去打工也是为了回来盖房子吗？）就是啊！就是为了一个好的住处啊。2011年啊，就发现自己有毛病了，那时候检查花了……后来就是政府说凡是患矽肺的，都去检查。（问：2013年的那次？）对，我也去了。（问：那次检查是几期？）那时候就诊断我是二期。2011年也是二期啊。得二期的矽肺的，政府一个人给了三千块钱，一次性的，给了三千。（问：知道得病了没找企业？）像我们打工的，不是长时间在一个地方，几个月就换一个地方。（问：这几年病情有变重吗？）这病最近这几年，走路肺不行了，我以前还能干活嘛。（问：心里怎么想的？）那能有啥想法，什么想法都没有了。你反正，干活干不动了，这也就没有什么想法了。（问：家里人呢？）家里就是她妈妈让我在家休息，她就出去干。（问：家里有其他的变化吗？）那……有什么变化，没有什么变化，就是生活有点……嗯……（问：除了刚才的喷雾，还有吃什么药？）润肺的胶囊嘛。就是这个，一瓶就是四十八块钱，一天吃12个（共40粒）。（问：您觉得这个药有效果吗？）这个就是觉得自己，你说它没用吧，也不……你说它有什么效果，也说不出来……（问：外界还有其他的帮助吗？）……（摇头）没有得病之前，我赚钱是可以的，在外面一年赚钱。（问：最好的时候一年能赚多少钱？）那个时候外面好的时候，工价低，千把块钱。（问：您希望政府给您提供什么帮助？）我啊，我心里的想法啊，其他没有啥想法。就是想着吗，反正政府，上面政策这么好，像我们这些人，你说吃，也能吃，我能住，我能干活。政府考虑点什么基本生活啊，我这还有个孩子念书呢是吧。我在家里我的这个病，就这就可以了。（问：主要就是自己的生活？）嗯，因为啥呀，我们这个病就是能吃不能动，能吃不能干活。吃没问题，一天三顿饭都能吃，就是不能干活。走那个路啊，不能走快，就慢慢走，走快一点就不行，就喘不过气，医生他就说，我们这种病啊，发觉喘不过气了，赶紧别动了。他说是，这个肺不能破了，破了就大出血。一大出血，身体就有危险。所以说，医院就让我买过那个呼吸机。一发觉喘不过气了，就把那个呼吸机给你装上，那个呼吸机基本上给你增加一点肺功能。那种机器我没有买，我就是属于没钱呐，前一阵子我上医院，省医院去，就叫我买那个。（问：什么时候去的医院？怎么了？）有一个月多，就是咳嗽嘛，咳血了。我们关键不能感冒，不能咳嗽。只要你感冒就……他让我弄那个制氧机但是我没有钱嘛。那个制氧机，有五六百的，六七百的，有一千多的。我现在就是噻，小孩子都成家了，这就是，比如说，我身体不行了，就也没有什么牵挂了。因为这时候，她（女儿）还小。如果她现在二十多岁了，那我不管她就行了。自己能自立了嘛，就不管她了。

（问：您也骑摩托出门吗？）对对，我们这个地方就是，比如说，你家里办个喜事嘛，就得送礼嘛，像我们这个到处都是，乡镇路挖通了，送礼，也不好走路啊。（问：送礼的负担挺重啊。）那，不送也不行啊，比如说这家人我认识，他家里接个儿媳妇啊，我得送他一下，你们那地方都一样。（问：家里现在有养猪、鸡什么的吗？）养鸡只是花钱的，瘟疫最大，鸡瘟嘛。这个东西，养鸡这个活，赚不了多少钱。（问：您之前养过吗？）没养过，没养过。附近的有，都亏着了。饲料要钱，瘟疫来了，没有办法。（问：前两年有过瘟疫吗？）有，它这个，瘟疫那我不知道（啥时候），瘟疫的鸡啊，直接就倒着死。

（问：您在外面打工有二十年吗？）我在外面打工有二十年了，我干的活多啊，太多了，建筑啊，建筑也搞过。（问：什么时候？）那记不清。金矿之后，煤矿以前。那也干了好几年，在上海呀，搞混凝土。（问：那个有防护措施什么的吗？）没有，都没有，不是一个工地。比如说，那搞建筑，这个月在这干，下个月到另一个地方去了，干的地方太多了。（问：那边烟尘大吗？）大，烟尘大。（问：干建筑一个月挣多少钱？）一个月就是（一天）七八十块钱。一个月（干多少天）没准，有时候有下雨天，就干个十来天啊，有时候它不下雨啊，三十天，也干过。（问：那身体能吃得消吗？）没钱怎么弄，其实就是干苦力的人。就是，你干不了你得养家糊口嘛，身为一个男人，你说你不养家糊口，没什么本事，就得下苦力。（问：还干过什么别的吗？）其他的，没干过啥，就是搞金矿，搞煤矿，搞建筑，别的没搞过啥，到2011年也就一直没干过啥。现在就是希望孩子考个好大学，她自己有出息了，有出息了咱们就不操心了，还有两年了。

图15 王光化家

（问：建筑那边吃住的条件咋样？）建筑那边这都有组织一个伙食团，他那边呢，就……生活问题嘛，工头他有钱的，生活开得好一点，没钱的，生活开得差一点。工友都是山南海北的人，都是外地人。搞建筑啊，一般都是干十个小时，建筑时间长。（问：**后来怎么想的去做煤矿？**）在山西啊，山西煤矿多啊，我们自己长期出去打工，哪儿都跑出去。（问：**什么时候知道有尘肺病的？**）就是2011年检查的，就在2011年我就发现我走路啊，这个地方（用手指自己胸肺）受不了，我就到上面去做个检查，检查出来就是尘肺，我就知道是这个……（问：**之前知道有这个尘肺吗？**）不知道。

现在中国的科学这么发达，怎么还没有研究出来治疗矽肺病的……？就是能控制一下都买不着这个药。在那个重庆三峡医院，他也说能洗肺。（问：**您和身边的人试过吗？**）没有。得这个矽肺病的人多，死了的人多了。就那边那个，43岁，死了。他跟我一样，也在金矿，搞得特别脏，死一两个月了。（问：**三期吗？**）那你检查，体检那个，他也说他在二期，那谁知道了。我这个就是，嗯……矽肺是二期嘛，关键是肺气肿，不能感冒，感冒就咳嗽，咳嗽肺就发炎。我是双肺肺气肿，你看（拿诊断结果）（问：您这个单子上写的转成城镇户口，转了之后有什么变化吗？）没有。

（问：您除了肺病，还有什么其他问题？）其他的，应该是没有了。每天就是啥也不干嘛，看电视。这些地方，跟大城市那里还不一样，空气好。（问：嗯北京，河北就不行。）就辽宁，吉林那些地方，我们都去打过工。（问：什么时候去过的？）多少年了，很多年了。辽宁的什么地方，我忘记了，烧结的锰矿，我都去干过。辽宁有锰矿，我都去过。那时候我才二十多岁，锰矿。（问：在去金矿之前？）嗯嗯，对。（问：最早的是去辽宁那边？）对。锰矿这不是烧结吗。（问：吉林去的是哪？）吉林……吉林我没去。（问：您是二十多岁就出去了？）诶，二十多岁，反正就是出去打工呗，今年跑这儿啊，明年跑那儿啊，听说哪个地方赚钱，就去哪里，都是听熟人说的。（问：在辽宁那里能赚多少钱啊？）那时候一天挣十多块钱。应该是八几年。（问：之前还去过别的地方吗？）就像那个他（老乡）干过烧结，我就跟他一起干嘛。（问：是国企还是私营的？）是……私人的，干了一年。然后就来潼关那边，去金矿了。那时候，在潼关那几年，治安环境不好，随时有可能，人家都可能把你杀了。（问：黑社会？）嗯，见过，那几年，没听说过，那时候闹矛盾，你干不过他，一刀就把他……现在就不敢。现在买车票，你没有身份证你买不了，你人犯了法，你逃个啥子你逃！我有一个兄弟，他家里，他那个老人，就是我的叔嘛。他借了几万块钱，借给一个人，这个人长时间不回家，找他收这个钱，收不到。我叔就起诉嘛，起诉到法院，叫法院去收嘛。这个人从外面回来，他在什么地方买车票，在什么时候到这个地方，法院就知道了，按时间去抓他就行。

（问：去辽宁怎么去？）坐火车，反正得坐汽车，得三天才能到。那时候火车也慢。坐汽车到万源，再去万源赶火车，火车要两天多哇。

（问：锰矿烧结您具体做什么？）烧结嘛，都是，你把它在窑里面烧嘛，烧出来，出来就卖了。（问：烟尘大吗？有什么防护？通风怎么样？）大，没有（防护），他那是，在露天上。

（问：是谁负责管建卡办理的？）关键是支部，他就是说不行，没说什么理由。（问：还有认识其他人办建卡的吗？是什么情况？）家里也没病……就（能办卡）……上面政策好，下面就不行了。贫困户说，比如下来查，得有多少是假的。就是上面没有下来查，真正来查，这些请关系的就（完了）……存款几十万，有车，房子也好，这样的也是建卡家庭，他这个不是托关系，你也信啊？这个关系，给他报上去，支部报了，那，万丈高楼从地上起啊。靠支部你才能报啊。都好几年了办的。（问：你刚说去世了的，家里人怎么办？）他爸妈身体好，60岁左右，去世这个人的媳妇，在外面打工，他有两个小孩，一个男孩，一个女孩，在北京读大学，他是贫困户，读大学花不了多少钱啊，他儿子住院的时候，都没花多少钱。一般贫困户没有哇（报销、补贴），只有建卡才有啊。他儿子住院，花了一百块钱，医院就给他报80%，剩下20%呢，民政局报，他自己不花钱。贫困户的学生，比如花三千，学校最低的，能返回来两千七、两千八。（问：你从哪里了解的？）学校说的啊，还有生活费，国家有补助哇。国家有补助的话……我们这就该多少，交多少，就没有补助。（问：您家里这个情况在村子里算是中等？）基本上我们这个，经济来源吧，我们这个就是最差的了，没有支撑的经济来源。（问：您爱人的工作是在厂子里……）她那个今天不干就不干，就是合同工，不是固定工。比如说这一个月，厂里不需要人，就不去了。自己租房啊，吃吃花花啊，她总共也就千把块钱，再加上吃啊花啊……（没剩多少了。）她那个是私人企业。（**问：怎么想的去福建?**）就是有在那边干的，介绍过去的，老板不认识，就是熟人，认识了就一起打工吧。

刘庆户：

"那时候打干眼子，整个洞子到处都是灰尘，你出来后全身都是干灰。那时候人年轻，没有感觉不好。建档立卡落实到我头上一个月有360块钱，能报销一部分医药费。现在活都干不了，能动一下就去地里做一下。"

访谈时间：2018年8月23日
访谈地点：刘庆户家
基本情况：刘庆户，1970年生，患尘肺病二期，2014年左右发病，同时患高血压。二十岁出头外出打工，经历丰富。早期在山西、陕西等地的矿山工作，后也在深圳等地的工厂工作，未得到工伤赔偿。为建档立卡户，能报销部分医药费用。因早年遭遇事端和患尘肺病至今单身，父母也已去世，自己独居在山上的老宅中，出行不便。老宅破旧，屋内昏暗，房顶漏水。刘的一兄一弟和家人居住在山下，偶尔上山照顾其生活。目前无任何收入来源，个人储蓄已全部耗尽，靠兄弟接济维持基本生活。目前也没有能力进行任何针对病症的用药和治疗。

我 48（岁）了，1970 年的，但身份证上搞小了。我一个人住这里。这里有三家，我们三兄弟一人一家，他们俩已经搬下去了，只有我一个。我没经济（能力）了现在，就没下去。我现在血压也高，天天都咳得受不了。我就是前几年在巴山检查的。

图 16　刘庆户（左二）在接受访谈，背后是刘庆户家的房子

我在家里已经耍了十个年头了，一直都没有出去。之前打工的地方就多了。二十岁左右出去打工了。以前在家里读小学。小学还

没有毕业就没读了，家里面困难，自己读书成绩也不行，所以说最后什么也没有读了。出来我什么都能做。出门第一年我就到河南南阳，到砖厂搞了一年。那个时候就跟我那舅啊，他的女婿在那里包的那个砖厂，我就去那边做了一年。之后我就没去，那里挣不到钱，一年就是千把块钱。搞了一年过后，最后就到潼关。在潼关反正就是这里搞几个月，那里搞几个月。全都在洞子里面，那边全部都是金矿，原先头几年反正就是在洞子里面拉渣，搞了几年过后，就开始打钻。后来去了山西五台，我的矽肺可能就是在那里得的，不过我也搞不清。我在那里就是有一个月的时间，我们在那里打钻，那边全都是打干眼子，都没有水，就搞了一个月，灰尘很大。在那里搞的时间不长，总共就两三个月，之后又回到潼关，后来又去灵宝。最后我又到广东那边去工厂了，鞋厂咯，反正那边厂多了。那边没有什么污染。主要污染就是在潼关那边的金矿，最污染我的是在山西的五台那里。我估计是在那里搞的，就是一两个月时间。本来煤矿比金矿好一点，但要看你怎么搞，实际上都是一样的。原先都差不多，最后几年煤矿主要是通风设备搞得好一点，比金矿好一点。

我才开始出门，一两年过后就打了干眼子，就是没有水，那个时候基本还是学打钻的时间，那里戴口罩也不行。打了干眼子，整个洞子，不管洞子大小，到处都是灰尘，什么地方都是灰尘。你出来过后全身都是灰，那都是干灰。那时候没有感觉身体不好，也是人年轻，我现在就是干活根本做不起。就是有点走路，你各方面都不行。走一点路，就老是喘气，老是咳。

我之前和父母、兄弟都住在一起。最后就是哥哥分得早一点。他们结婚过后就分家了。最后我们兄弟三个一起。那时候是我一个人出去打工。反正基本上我长期在外面，家里面要有人。父母又岁数大，年纪一大，就必须家里面有人照顾。我小学都没毕业，哥哥小学好像也没毕业。原先房子都是草棚棚，就是木的，上面盖茅草。最后我们年纪稍微大一点过后，1985年，我们就起这个房子了。那时候，请人盖房子，有技术的师傅6.5每天的工分，剩下的小活都是自己干。

我高血压有五六年了，跟矽肺倒没有大的关系。我血压最高的时候就是200。我有时候吃药，我没钱长期吃。长期吃吃不起，基本上就是说相对差不多了就停了。血压实在是不得了，太高了，又去搞一点药。高血压基本上是要长期吃药的，血压才能保得住。你没有钱，只能基本上把血压降下来了，就不吃了。停了一段时间，慢慢慢慢血压又上升了。我还算得上好了，基本上，上了200才有一点点头晕。有一些血压高的，都是在160、180了，头都晕了。

我出去打工前还没分家，总共有个六七亩地，都是种苞谷、洋芋。苞谷、洋芋我现在也不好种了。我最近这几年在家里面耍都没有种，只有今年种起来。那实在不行，主要就是说，心里本身就受不了。老是咳，冬天最不好受，反正就在家里烤木柴火，睡觉盖厚一点。

（问：除了建档立卡，有其他救助吗？）别的没有，其他我还不到年龄。建档立卡落实到我头上就是一个月360块钱，也就是刚今年搞的，像去年都没有搞，之前吃药都得自己出，说是今年能报。今年我到重庆检查，他们说的是能报销一点。反正药费的单子我都给他们去了，包括那些检查开的那些证据咯，全部给他们。他们就说能报一部分，现在也没报下来，钱还没到我手上。这次重庆没检查出什么来。钱白花了，没拿一点药，花了一千多。矽肺的鉴定，就是政府查的那次，我提前在头一年就知道了。我在贵州体检出来的。那个厂里面要体检，在那里就体检出来了，我在明通那边，那里也是在洞子里面干活。干活在那里也是查，那个老板姓胡。在那个洞子里干了一个月时间了，他要搞那个体检，他就说到巴山县城里面去搞体检。他搞工程嘛，有病的人他就不太想要。你愿意干也可以，但就必须要跟你签这样的合同，不承担责任。体检查出来，他也没有说什么，反正就说我肺上有问题。疾控中心下面，就说那下头的那个医院，那时候医院全都不会说真实的你得了什么病，他就说你的肺上有问题，他就不跟你说有矽肺。最后没干了过后，我就到贵州去检查出来的。当时那个医生就公开地跟我说，你现在还想在洞子里干哪？他说，你已经快到二期了。那时我才晓得，我得的是矽肺。那时候我来说，还是相当好的身体。我还没有什么感觉，只说是有点病了，没什么。那个时候我知道了都还没什么感觉。体检了过后，本身那个工厂也效益不好。我一过去就给我体检，就说我病了，他那里就不想要了，最后就没有做了。我就没干，就回来了。反正我就是干的地方多得很，没个啥固定的地方。当时打工，有时就有朋友，有时就自己一个人，没有朋友。

我干的地方多了。陕西那边我都去了几趟。基本上都是潼关和灵宝。最后啥子东奔西奔的就去广东那边。广东也是好几年，有五六年咯，换了好几个厂，做鞋子，做表带表壳的那一套下来，还有那个五金厂那些。私人厂呢基本上都不签多少合同。大一点的厂全部都要签合同。有时候一年都要换好多地方。我原先基本上常年在外面。在家里面的时间很少。我们什么都干过。没有进厂的时间，有时候也找一些零碎活干，给他们去发那些报纸。广东那边基本上一个月八百，那个时候工资相当低，底薪基本就在三百多，剩下就靠加班。加班费等等加在一起就是七八百。我在那边最多的是做这个表带，那个时间我还搞了一千多块钱。不过那个活辛苦一点，就是打磨各方面都要搞。那个也有一点点粉尘，但要戴口罩。那个还

图 17 刘庆户家，屋顶已经无法防雨

有抽风机，打磨的时间都是抽风机开起来，灰尘全部都吸在那里面去。不像洞里面，洞里面现在还好一些，以前什么都没有。原先最狠的就是在山西那边，全部是打干眼子，就没有搞那个水，全部都是自己爆破。就说你把这个眼，全部一整个打好了。自己装药，自己放炮，自己投管，这些都是自己搞。放炮我们搞得多了，你像有一些改装管，这些我们都搞过来，弄来改装。自己搞那个段数，搞哪一个先响，哪一个后面响。这个就是看别人一搞，我们也搞，基本上就会了。

你要说挣钱呢，还是在洞子里面干活挣得多。但挣钱没有定数。你如果找到好一点的活，一个月就是万把块也没问题。就是说你有时间学习那个活，过于工资低的，有时间了又不想干。基本上就是，你像活好的，时间又做不长，一年下来也就是两三个月。那个时候挣钱基本上都是家里面用。那个时候，你要出门了，没有路费了就去借。赚了钱了又还。那个时候家里特别贫困。刚开始出去打工时还没分家，后来哥哥分出去了，姐姐也出嫁了，父母七十多岁了。我母亲是2008年走的，父亲早走了3年，走时都八十多了。我母亲死之前，瘫痪了两年多。我也没得办法，最后挣的钱全部都是给她治病。死了过后，我都还欠着债。她那时候不行了，我就从广东那边回来。把工资咯那些结了过后，我就回来。老妈快死了，我就回来照顾。过了半年时间，妈死了。她瘫痪了，也要我照顾她。她瘫痪了，就是身发肿，她是属于肺心病。全身肿，疼得很，自己把皮子搞破，都是水。那时候三两天人就不对，就得找医生。巴山的医生，妈死了过后，我还欠他一千，隔了几年才还给他。给妈治病就没有下数，反正陆陆续续一直在出，那个也没有地方报，我也就没做个记录。妈死后，（总共）还欠了六七千。母亲上坡后，我在家待了半个月时间，就又出门，到河北石家庄去。我家里的庄稼之类都是哥他们在做。我在河北也是在洞子里面，铁矿里面打钻。那个时候也没啥合同。基本上就在广东厂里面才有合同。在那些矿山，根本就没有合同。在矿里面签合同，最近五六年时间才有。在石家庄那里做了两三年时间，都是在我老表那里，他包的矿。之后洞里没活了，我就这里搞一点事，那里搞一点，整个干活我都没得固定。有时是没得活，有时是工资低了就不想干，就要找工资高一点的。有时候活很多，到处都要了。有时候几个月时间没得活。你就是那个活，你要辛辛苦苦干，又挣不到啥个钱，那也就不想干，我们就没个固定的地方。所以这里搞个两三个月时间，那里搞个个把月时间。

（问：你自己身体感觉不好是什么时候？）我自己身体不好，也就是这五六年。诊断了过后，我都还没有感觉。过了两三年过后，才基本上有感觉。最开始就是觉得走路很累。我之前身体确实很好，从来没搞过药吃。反正就是一般平时感冒那样，根本就没有弄过药吃。

图18　刘庆户家房子外景

（问：在外有没有碰到欠薪的事情？）有时有。反正对于我来说，还没有欠到我的钱，也有那种扯了一点皮才拿到钱的。那一次就是大家一起去劳动局、煤炭局。我们就到那个镇上去搞，搞了过后，去县里面，有五六十个工人，自己组织的。那时候为什么呢？那个时候每个工人的钱也剩得不多了，最多就是个千把块钱，还有人就剩几百块钱，他就在那里吊住，不是说没有钱，就是不给。不给的原因，他是一个吊一个，他想吊这个老板。另外也有一坨押金，他也不想干这个活了，老板也不拿出来。他就心想，反正这个工他也不想干了，就把这一笔钱拿来发工资。他也不拿来，我们就在那里玩。最后就是给我们开工资，就只开八十块钱一天，就说你在这里等，等一天给你八十块钱。我们在那里一个人都要完了七千多块钱了，他都还不给。还不给，我们就实在没办法了。我们就在那里跟他打官司那样，我们就去找他麻烦了。我们一起去劳动局，过后谈事情就几个代表去。你全部去了等在那里，问题能大一点。搞了两三次才搞定。最后我们都直接给他公开了，实在不行，我们就到县里去。他就没办法了，最后就给我们开工资。反正就是七千多块的工资，他不给不行。

  为了讨薪，我们在广东还搞了几次。那个厂就像垮了一样，厂越亏越大。一个总厂，一个分厂。总厂有三百多人，分厂有六百多人。分厂越亏越大，越亏越大。那天晚上我们根本不知道那个厂要倒闭了，那时候有一个多月、两个月没发工资了，我们就把厂停了。停了，老板也没来。那晚我们就几个人出去玩，我们就看见那个老板的表弟，我们把他直接扯来，他都没开自己的车，就是坐出租车，在厂外面转了一转，准备跑了。我们就认出来了，就把他扯过来。到厂里面，最后没有好一会儿，派出所就知道了。派出所一来，就跟着我们一起在那里把他守住。但那个表弟，打什么电话都没有人接，都是关机。派出所也怕出事，第二天就把人带走了。最后怎么样我们也不清楚。到底是放了还是又关起来，我们也搞不清楚。我们在厂里面又等了一段。总厂分厂合起来千把人在那里待了两个月时间了。最后我们去镇上劳动局搞。不行，它管都不管。我们就到县里面去。我们是星期天去的，搞了好多传单。那次拉了一车人去。那都是人抱人，挤了一车，我们就在劳动局外发传单。发了还没好一会儿，劳动局的人就出来了。他们打开大门，叫我们选出几个管事的人去谈。去了没好一会儿，镇上劳动局的、派出所的，全部打电话去县劳动局了，就说这一点小事你们都办不好。他让我们先回去。没有路费，就说我们找车送你们，先回厂里面。没有生活费，镇上的镇长啥的马上给你送过来。他说，三天之内给你个回答。他这其实就是老板跑了，找不到老板。最后就叫我们回来算账。账算好了，21 天，就给薪了。所有那些钱，都是从镇上来的。镇上拿了一笔，劳动局，包括派出所几个单位。假如说有十万，一个单位拿好多万出来。不管怎么搞，这个钱必须先拿出来。如果老板不回来，这个厂直接变卖，或者这个厂就属于镇上这几个单位，他们再找投资老板来开厂，那是在广东番禺的一个电子厂。我到广东三年了，才到那个厂去，工人各个地方都有，巴山这边也多。工人只要统一了口径，聚在一起很快。就怕人不起兴，只要有人带了头，有个十来个人起了个头，慢慢地越扩越大，越扩越大。那样事情基本上就好搞了。

（问：现在谁对你的帮助比较大？）政府今年搞了一点，以前都没有。以前生活费等都是原先多多少少挣了一点。还了债过后还有几年时间赚了点。最近几年，我原先剩的一点就花光了。那时候回来的时候还有一两万块钱。最近几年就没有来源了，花的零光了。就今年政府搞了个低保，但就是基本生活，我今年地里种了一点。我长期在家里面，有时间，身体稍稍属于好一点，我就去搞一点。多多少少，稍稍搞一两下，这也不算收入。吃的基本上都是买的，蜂蜜没多少，就这么一桶，也就十多斤糖。我哥，他们的孩子，确实对我还是很好。有什么事，身体上有什么问题，基本上就是打个电话，他们都会帮我。

（问：现在矽肺常用的药有吗？）今年我没有去买。说实在话嘛，我哪里去找那么多钱。我去疾控中心拿一两个月的药，就是几百块钱。这个药不能全报，就报 30% 左右。

（问：为什么一直没有结婚？）因为有一些问题把我卡住了。所以说，一直我在广东那边，就没有考虑这些问题。那边就是五六年时间。我到广东大概二十多岁，应该说那个时间是最风光的时间，但在那边出了点问题,就没有考虑了。有几个女孩子,跟我一块到广东去了。到了那边下车的时候,我们遇到几个骗子。我们是晚上下的车,一个走这一方,一个走那一方。她们在那边等,我去搞点事。我去搞事的时间,一走开,这几个女孩子就跟另几个人上车了。那样就受骗了。家里这边的人就告我,就说是我把她们卖了。那几个女孩就是我们庙坝这里的,有一个就是我侄女,最后时间一长,五六年过后,那边最后跟家里会通信了,基本上把情况都说清楚了。但那六七年时间,我就一直没回家。就这个把我卡住了。那个时候不是说没有女孩子。广东那边,打工的女孩子很多。但我出了这个问题,我就不想害别人,毕竟家里还有人在告我。不是一起告我,是几起。我就想,去谈一个,假如说把事情搞不清楚,时间长了也不好。假如说搞不清楚,我要真进去了,又把别人害了。那样几年过后,就东不成,西不就的。别人看得上我,我又看不上别人。东搞西搞,年龄就越来越大。我也谈了几个,也花了些钱。有几个我还搞到家里面来了,最后也走了。头一个,我花了有六七万块钱吧。总共反正就花了十几万。但不是一个地方的,各方面你就看不出来这个人是怎么样的,你根本看不出来,说走就走了。我母亲走后,攒下的钱,基本都花在这里了。

(问:现在有什么打算吗?)主要是自己身体这样了,就没什么想法了。自己不行了,动不了了。压抑肯定是有的。我什么地方都跑过,好地方、坏地方都去过。往年在外面跑的时候,一年光车费都要好多。现在干活都干不了了,能动一下就去搞一下地。现在主要看这个病,只要把这个病治了,不咳了,还是打算去找钱的。这几年就是咳,老是咳。只要不咳了,没有这么累了,就想去找活干。还是要用钱的。光靠政府那点钱,说句实话,以前还不够我玩一晚。每天就是自己做点饭,然后在地里种些蔬菜,今年还养了几个鸡。

平常就看电视，乱七八糟的东看西看一点。其他什么事又做不动。平常还在山上弄点柴禾，山上就是用柴禾烧菜。一个人在山里，连说话的人都没有，有点孤单。不像在外面，想怎么搞就怎么搞。你说现在，自己累不得。我自己没事就不下山去，上下一趟也很累。只能慢一点，休息一下。

罗昂福：

"在矿里炮一放，那个黄烟子就出来，那就整糟了！生病后就是感觉发不了力，咳嗽，气喘不赢。我就是命撇！"

访谈时间：2018 年 8 月 24 日
访谈地点：罗昂福在县城租住的屋子
基本情况：罗昂福，1950 年生，患尘肺病三期，2014 年左右发病。之前在本地锰矿山上工作近三十年，未得到工伤赔偿。妻子自杀去世，罗昂福现和儿媳妇、孙子居住在镇上租住的房子内。山上的老房子因修路被拆迁，罗昂福正和两个儿子借钱以盖新房。个人无收入，家庭经济来源主要依靠在外打工的两个儿子。

我 68 岁。我三期，反正那个走路耶，像走了两三站路就非要歇一下。在矿里就是炮一放就把衣服一扬，烟子出来，就是那个黄烟子，那就整糟了。我没去过外面，就在这里山上挖锰矿。我从来不吐血，就是气吊不起来。到晚上，如果睡觉，有时候气都出不来，气喘不赢嘛。（问：像你这样在本地挖矿得病的多吗?）多。最起码有几十个噢。我们开会啊，来了百多人。（问：你是什么时候开始挖矿的?）那就好多年了。我都挖了接近三十年了。没有法啊，那个时候要供小的生活。背着就是五六块钱一天啊，从天明到黑啊。我们住在山上，这里是租的房子，有孙娃子送到这儿读书。那边公路还没有挖好，孙娃儿读书只能下来。孙娃儿再不行也要送到那小学读书。没法啊，儿子他们打苦工。我有两个儿子，没有女儿，命撒！命撒！现在养女儿好嘛，养女儿安家快一些。现在连同儿媳妇从外头带回来的，有三个孙儿，孙儿都出去打工了，没法嘛。现在老大还没结婚，老幺结了婚。老大，1981 年出生的，老幺 1985 年。

我不识字，又没读过书。那几年你读得起啥子个书啊，一块四五一年啊。那个时候送钱都送一块五送礼。我那时候二十二三就开始挖了。我是 1950 年的，属虎的，七几年就去挖矿了，到 2000 年就没挖了，那个时候挖矿山没有人管，私立的。

图 19　罗昂福

（问：你还记得大跃进之类的吗？）记得的，吃大锅饭。那个时候工分十分，相当于多少那就看得见了。那个时候他妈就在屋里种点庄稼，我就刨点儿钱，一天刨五六块钱，一天到黑啊。要供小孩吃。那时候家里好穷，所以结婚也晚。家里四个人，父母，我是老大，有个妹儿。那时候家里劳力少。你没法啊，一个人挣钱，有时候都不够吃。我一天学都没上过，我老爹死得早，那时我才八岁，家里供不起我读书。那个时候家里好难噢。现在就是靠后人，他们到哪儿，我就到哪儿。

这是我租的房子。我老家在大元村，泰山镇。公路没通，要送孙娃子读书，没有法。租金是一年两千五。平常就送孙娃子上学，给孙娃子、媳妇煮点饭。我前年七月间（从山上）下来。

我们那个时候家里穷，细娃儿全部都还小，你不去劳动，细娃儿要吃啊，吃苞谷米还没得多了的呀。在吃食堂的时候，还要搭点儿折耳根、野粮，回来憋起（注：不得不，方言）你把那个折耳根，你们喊的板蓝根，那个回来我们把它 liao（注：二声，焯，方言）成节节儿，把毛毛一哈（注：全部，方言）扯了。放点盐，油都只有这么大一颗颗啊（比了比手势）。那个时候吃油都很困难啊，你家买都买不到的。你憋起要把肚儿管饱啊，哪怕野粮。那个时候你吃个饭，从我现在说的话，还没有现在细娃儿倒的饭多。那个米汤，黏都不黏啊，把野粮一哈掺进去，憋起吃饱了。有时就要去坡上劳动，你不劳动那个时候就没吃了。我母亲又老了，母亲就蒸饭，晚上我们去山上挖矿，母亲就把饭给你煮起，洗脸水给你烧起。我老娘87（岁）了才死。我妈一死，我老婆一死，就是我大娃儿他妈一死，我就说我也不行了，我说我年轻的时候有能力，老了就没能力了。这后人在哪儿我就跟到他们撵（注：追着跑，方言）。有时候一个人在那山上吃个啥子又不方便，要到脚下来背，往年子说起你不相信。前几年，背点儿肥料，把肥料装在花篮背篓里，撑两根棍棍，弄点儿胶纸，老子那天落起暴大的雨呀，往山上背啊。背三四个钟头才背得回去。山上电通了的，通了十几年，安得那个木杆子。现在老家公路要挖通了，挖到我屋里去了。我们的搬迁房就在高桥镇，还没修。山上的老房子是土墙，头一年烧瓦，请那个瓦匠。那一年，你想我那么个土墙，二丈四五的进深，我都挖三年矿，挖三年的氧化锰。一年买檩子，一年买搁板儿。瓦都个人承劳力去烧的，我们三年才修个瓦房子。后来渐渐地细娃儿起来了，就去外面打工了。我老婆死了，妈也死了，就我一个人在上面了。我只有跟了他们了，没法了。我年轻的时候有你娘，现在就我一个人。

去挖矿之前，土地那就不少了，有（种）六七十斤苞谷的。接近八亩地。都验（注：量，方言）不完啊。啊，没验得完，那都验得完哪！你这儿一张，那儿一张。这儿几百斤产量，那儿几百斤产量，种苞谷、洋芋，种点儿小菜自己吃。集体的时候就不能自己种了，集体的时候你要挣工分，像我就是十分的劳力。那时候就靠工分吃饭，一年分个四五百块钱。我不太记得了，那是几十年前的事情了。土地一下放，粮就够吃了，哪怕是苦一哈我都心愿噢。那个时候在集体噢，这一山到那一山啊，我的娘啊，生产队那个歪（注：刁蛮，方言）呀，把那些妇女整得哭笑不止啊，那如果是你一根草没除掉，扣五六分。那些妇男小女解个手，来慢了，把那行子下错了，点苞谷的行子啥，就扣你的分，好歪噢，我娘噢。没有现在国家的政策好，你坐车啊国家还帮你办卡啊。我还没去办，我也只是听人家说。

家里穷嘛那时候，像我妹妹是补给其他人家。我妹妹呀，那一会儿给她打发点儿钱，三四百块、四五百块钱的。她现在嫁到南坝去，嫁给的人家也是矿砸死的。在挖原始锰，等于说他在上班，他被砸死了，弄回去就半夜时候了。他死的时候，都上了五十五六了。都是挖那个氧化锰，都是为说媳妇儿，就是我妹夫，去挣点钱。我老婆也是本地的，就是调换亲。我妹妹嫁到刘家，刘家嫁到我家来。她屋里十个人，就是我老丈母呀，生十个娃。你（他）那时候好多孩子，那是单干啊！那时候啊是大的大，小的小。煮这么大一锅稀饭，霍的一下就完了。你一碗我一碗，还没得吃饱了。电视里头说了哈，（现在）全国一天倒的饭，两亿人都吃不完。浪费欤。我结婚的时候，土地搞了几年才下放。老大出生的时候，土地已经下放了，那时就好一点，起码能吃饱了。生完大娃，还没生二娃就去挖矿了。你那时候不去挖矿，你没有吃。你那个时候什么都买不到啊。那个时候我们背矿就是用花篮，就是这种背的（指了指路过的背苞谷的老人用的背篼）。锰矿出来就是很大的砖砖，外头就是黑的。那个矿是私人的，交到锰粉厂去。我们上矿都是晚上，都是背着背篓就上山，晚上都是打着夜光上噢，上通夜噢。那个时候你没个法挣钱，好造孽啊。从矿里背出来，有三百多斤，用磅秤秤。那时候三四个扯伙，三个有点分担。背到索道上，100 斤 6 角。一趟 300 斤就是 1 块 8。一个人一天挣个三十多块钱。背到索道上，背到亮天，你晚上要打夜工啊。扯伙的都是挨着的。吃饭就是这么大的罐，加点苞谷米，加点洋芋，菜就是白菜。都是家里带的，有弄成的饭，在坡上，饿了，晌午时候，捡把渣渣用来一热，搭两个石头，热起吃。我家离矿不远，都在王家湾那山里。我家到矿山要走半个钟头。

我这手就是挖锰矿的时候砸了的。锰矿就是打个洞子进去，打成洞子，用花篮背篓背，那儿又没有铰轮车。洞子里头打烧灯，你手上还要拿个煤油灯。我前年，我在陕西，我那细娃儿和媳妇把我接出去。我在那医院捡了一副药，吐三个月的痰，毕竟那个黄烟子闻多了。那个药一吃，那吐出来像糖麻鸡屎（注：黏糊糊的鸡粪便，当地方言）。锰矿也是要放炮，不放炮挖不来。打起深眼子，做矿用。你放药进去，你点起就要出去。你要跑得快，你要跑不快是要丢命的。放完就赶快扇烟子，把衣服一 lia（注：三声），扇烟子出来。看差不多了，就着急把矿弄出来。那时候也没口罩，买不到啊。就找那个蜡烛嘛，手上拿一支蜡烛，背上一砖矿，两三百斤啊。你有时候在路上还要 yao（注：歇气，方言）两次，两三百斤啊。你洞子打深了，必定就要歇，背重很了。歇气就拿个大拄。背个半里路，你看山上那一般挖矿的掏成了台台的嘛。好遭殃那个时候。你像现在，都不要你人工打了，都是机械去了。三四个人扯伙，一个人上山，两个人背，还有一个人挖，叮叮咚咚的那里头。还有个得了矽肺的，加上我那个么姑的儿子，开着个药店，就在加油站那里。他也是矽肺，我看得有三四年了。那时候给了五千，东整西整就剩下五六百块钱。下面的黑噻，当时普查的时候，一期一千，二期三千，三期五千。

我一直在那锰矿干，过段时间换个洞。我跟王传君（音）挖，我就没换过活，他也是本地人。老板中他挣得比较多一点，他买的锰矿，又买了锰粉厂。像咱们背野矿的，一装矿要赚四五块钱。他还是有个十来万块的开支，给我们工人拿去支。工资也没涨，现在除了国家这点补助还有什么会加强的，国家这个有也比没有好。

我发现矽肺有三四年了，到站里才检查出来。之前就没有感觉。就是感觉发不了力。反正跟别人帮忙，或者给人抬个冰箱，撑不住了噻，抬那个冰箱，给人帮忙噻，庄稼我都奈何不了。老家多宽的地，我都荒弃了，现在奈何不了。现在拎个米，二三十斤，都感觉奈不何，大公路上这儿我都要歇两道。以前，媳妇儿在（山）脚下扎起，基本上都是打早下来，下来妈妈还在睡觉，睡瞌睡嘛。基本上我说："哥你们还没起来啊。我给他们背点儿小菜，背点儿肉下来。"那以前个人根本不发觉。撒过（注：后来，方言），在防疫站检查出来的。以前都不知道。后来就是咳嗽，咳嗽就上不来气。

（问：现在附近还有锰矿吗？）对面那个山上都是，那个大公路过去都有。那边很多，现在可能都停挖了。支高路了，窑子都停了。山上现在没得挖了。挖都是先从山上开始，现在山上都已经挖光了，连柱子都偷了的。洞里也有人炸死了，多的是嘛。多么能干的人啊，都是。

（问：吃药吗？）吃了一点，医院开的，就是镇卫生院。就是一种泡腾片，好大的个个。我刚开始干吞吞不下去，后来才晓得要泡水。吃完了，没了就不吃了。那个药没花钱，就是开会发的（注：康恩贝集团的推销会）。只有一盒，就够吃一天。中药我还是在吃噢，医院的，那还是在捡噢。你必定伤风咳嗽着凉了，你就要去，或者是输液啊，捡药啊。感冒了就是气出不赢啊。你咳嗽就 jian dao（注：一直，方言）咳不起来。你必定有时候吞闷口水噻，多半天才

图 20　罗昂福家

咳得起。那药一吃就松和一些了。那就是有感觉。

（问：现在几个娃在做什么？）老大、老二都在外面做，在金矿山上，灵宝、三门峡那一块。他们都出去好几年了。我们孙娃子在西安，也是帮人修房子、拉钢材。老大、老二两兄弟就是一起去，有伴儿，在那里也是下蛮力。他们出渣，没有打眼放炮。他们干了有十多年了，钱还是弄到的。有时候家里面还是要用啊，他们外头要吃烟，打点儿小牌，他们寄钱回来。今年在高桥镇买了两套房子，现在还没修。国家帮出五万，个人包出五万，我们七个人啊。现在我和两个孩子还在跑钱，二儿子的媳妇是广源的，找的是二婚。还有两个娃带来的。男娃在西安打工，18 岁了，两个又生了个男娃。大儿子还没结婚，也三十四五了，但还没找。那个是要有钱的。现在你干什么事不要钱？老二那时候花钱就看得见，自己耍去。都是打工，在北京。她开那个绞车，我们儿子嘛就出渣。出渣嘛。她说你在哪个住吗？她说你姓啥子？他说我姓罗，叫小路（音）。她说你是哪儿的，我是巴山的。他说你几个娃勒。她说我三天没吃饭。她男人在中医院，被墙砸死了。都过去三四年了，就是修工程的时候，被墙砸死的。儿子们经常回来，有时候过年啊，这几天回来三两天又要出去了。还是出去挣钱多，他一个班八个小时，发两百多块，两个班四百多块。刚才打电话叫他去，这样一个月有七八千，还是在灵宝矿上。我跟他们嘱咐啊，你们出去要注意，整慢点儿都要得，有时候莫快，二个耳朵都要机灵，耳朵机灵，哪有响动你就要让噻。他们完全没带过口罩，金矿还是有灰尘，灰再除也除不了那么干净。

（问：您妻子呢？）老婆死了十几年了，她吊了颈死了。她是为小娃儿，她想带小娃儿，本身有了那么，但生了要罚钱，一万多。她死的时候才四十七，她想不通。我老婆1955年的，属羊，比我小几岁。她那个时候想要个女儿，她老汉儿（注：父亲，方言）也是吊的颈。他正月二十九吊的。为儿女，孩子结婚，他不喜欢，看不来，他想不通，就吊了颈。我老婆走了，我们大儿就出去打工。我说你妈一死，他就出去打工了。那一年就给我兑一千块钱回来，在曾繁志（音）手头捉着。我这屋这儿噢，有点狠噢？这才够老汉的生活，是说有时候这个送情达礼，别人有事你必定要去下噻。那时候送礼才五十，现在一百块送不出手，两百块起送现在。

我老婆从卫生院回来，我就把枕巾帕子和那个带带我都割了几根了，用刀割了。我说你做这活路干啥子哟？我说你娃儿小的还小，劳力还没出丁。我说你搞这架子做啥子哟，还吊颈，她就想不通。你像我那一年，我老婆吊颈的时间，我杀两只猪，就是二百四五（十斤）的猪啊。扛到我们山上，打得钉子，挂起。她全部挑的好

图 21 罗昂福家的饭菜

猪。纤子丝都拉断了，正常的背篓背十一块。她说刘家富我寄肉，她害怕强盗偷，结果把纤子丝都拉断了，背到后头。他刘小毛，就是刘家富（音）那个儿，你怕还晓得。他说，"姐姐，你背那么大背肉做啥子呀？"她就砍它一刀儿，她用那个菜刀，那个人癫了啊，她不晓得是哪个。撒过刘家富也是去看病嘛。他说："罗昂福，罗昂福，那个刘德玉（音，**罗昂福的妻子**）背那么大背肉，背到我那个门口，她拿来寄到起，你赶快拿个背篓喊罗毛儿来一起，把它背回去。她傻得很，背起那么大背肉，她又没得打挂，晓得她啷个背得起那么多哟，背了那么大一背肉，黑长的块块。"那个时候照煤油灯，白花花的，皮面上就是煤油灯，点起，她就挑好一点的肉嚓。黑长的块块。她吊颈的时候，我在厂里头上班，在王老二，是开县王老二，在汪家湾，也是王老大的洞子。他把他（王老二）弄过去，他的井有近一千米的洞子。我就在那儿住得又近。那几年一做，五十块钱一天都没挣到过。挣得有钱了，他们一个二个的，今年吊一个，明年吊一个，硬是把我整糟了的呀，那几年。你想钱，钱没得。刘家富他就说，他说罗昂福，她刘德玉（音，罗昂福的妻子）球了（注：死了，方言），你要挨打啊，他们要来打人命，我就爬起躲了的。那一阵我不躲了，晚上要遭家伙，他说这个当家，是她刘德玉（音）当家，罗昂福只管啷么呢？挣钱！一回钱拿到什么千把两千，王老二那儿上班噻。我说刘德玉（音），我就把钱交给她。我说你，哪儿有你，这个事情是你去跑噢。我们秋年四季都在洞子里头，但是工资一发了我就把钱揣到那个屁包头，我就给她，说这个钱你个人好好保管哟。那撒过，她吊颈死了嘛。他说，罗昂福啊，他说明天要去买点小菜。那个时候靠背噻。他说要钱哦，我那时候只有铺盖那角角上还有八百多块钱。另外王朝君（音）那儿挣了一千多，有他妈一千八九，下街噻，要十几个人背呀，那时候车路没通，要十几个人背。

老婆一死我就不能够出门，就不能去挣钱了，就种点庄稼，栽点洋芋，栽点苞谷嘛。国营的厂也不进了，也没得法，只能叫后人出门赚钱，我都没出过这里。儿媳妇本来有想把我接出去，玩耍一下。但我奈不何，气出不赢，那有啥法？现在就是儿媳妇回来，跟了晚上烧了洗澡水，或者是弄点饭吃，给细娃儿弄点饭。平常就我们三个人。儿媳妇白天出去上班，在北大街三桥烤鸭店上班。她回来都要到八九点，我大儿子有时候坐起摩托去接她，坐的私人的车，晚上到八九点要十四五块。我两个儿子都读到小学的八册，都读不起啊那个时候，一年都要个四五块钱的书学费，那出不起，那时候钱还是紧啊。有个娃儿多读了一点，读了十一册。叫他把十二册读完，他不去读了。孙娃是读到初中出去的，现在在西安劳动了。孙女嘛，读六册了，上学不远，送他们上学，给他们煮点饭，小的娃儿五月二十八才满六岁。

刘地沪：

"我小学没念完就跟我妈一起去矿上了。我妈妈去世就是咳嗽病……现在想来可能是同样的问题。"

访谈时间：2018 年 8 月 24 日
访谈地点：刘地沪家
基本情况：刘地沪，1972 年生，患尘肺病二期。从小跟父母在本地锰矿山上工作，未得到工伤赔偿。刘地沪现和妻子居住在老家，妻子早年也跟着他上山背矿，如今肺部也有不适。访谈时聚集了许多附近村民，且部分村民因锰矿造成污染却无人管而情绪激动。

我在矿山工作十四年，就是在本地的锰矿。我今年46了，1972年生的，现在矽肺是二期。我十二三岁就去矿山了。之前小学都没毕业，就去矿上了。没种过地，家里只有点点地。我只有一个人，哥哥死了。他在窑子上筛矿被电死了，我哥哥去世的时候，家里就两个老人。父母种了点地，2003年被矿上征收了。秦玉林（音）征收的，那是私人老板。我小学没念完就去矿上了。矿山离这儿没个好远。那时候跟我妈一起去矿上。妈妈那时候也有咳嗽病。她后头因为咳嗽死了，那时候我在矿山工作。

（其他人：前几年高燕都是烟雾，二十几年来那个厂一开起都是烟雾，就算不背矿也受影响。那个厂子2018年五六月份停了，现在空气好多了。这里都是私人的矿，一直都是私人的。20世纪70年代那时候都还没有开。开矿就是八几年。我们十二三岁就背矿了，开了三四十年了，都是属于私人的。）

我妈妈去世就是咳嗽病，支气管炎，那时候没得鉴定，现在想来可能是同样的问题。尘肺检查说是气管炎，没得矽肺病嘛，那时候没听说矽肺病。我妈去世时我三十多了，爸爸也是背矿，我们那时候都是背矿。我爸走得早一点，我29岁时，肝癌死了的。我结婚的时候22岁。有两个孩子，都是儿子。妻子不是同村的，同一个镇，隔半个小时（脚程）。

（其他人：那个厂可能是1992年、1993年开的。我们这里都是，很小就开始干活。）

图22 刘地沪（左）在接受访谈

（问：你在矿里都做什么？）就是打眼啊、放炮啊、背矿啊，这些都要做。一天挣得到30块钱，20块钱。你背得多就得的多。（刘的妻子：我们也背，女的也背，男的也背。女的也进洞里头。那时候早上天不亮就出门，黑天才回来，那时候他爷爷还在，七十多了，也就是穷。那时候除了背矿没得其他做，庄稼地就没得好点儿。我23岁下来的，就跟他一起去背矿。刚开始就背不起来，撒过，××有一个窑，就把那个矿石捡到窑里去，后来又去做那个。那时候背15块钱一天，那还算高工资。15块钱一天，那样做了几年。开矿啊,他就去打钻,打那个眼眼,从那个洞子里头往上压水。也是天不亮就出门,黑天才回来,那时候有八九百块钱一个月吧,那时候结了婚还没有生小孩。那时候我们好穷啊,房子都没有的,屋里还有两个老的,老的那时候还背矿。她妈妈还回来一个人在屋里,一个人煮点饭吃,她就是咳嗽病,支气管炎,到了冬天就咳。她就是得了那个病,她就不能和我们去了,就在屋里头等。我跟他一起背矿至少十年咯,我就是长期咳嗽,一感冒就长期咳,咳嗽很急了。医生说我有乳腺增生。上次普查我去体检了,检查了也就说是,根本结果就是也不拿给你,他晓得你那些拿回去也没啥意思。就叫长期把那个药吃。)

我腰杆痛,又是个矽肺病,我的诊断证明掉了。

(其他人:这里有些检查,是给你做假,三期的矽肺直接就是登记支气管炎。疾控中心就是不给你出示那个单子,这个乡起码占70%的都有矽肺。我们在当地锰矿打工,没有签劳动合同。现在工作的要签了,以前的就不算了。我们现在企业也不管我们,我们现在就是群体跟企业要打一场官司。这么多年,这么多矽肺病人,也没得个人来看我们。我们最后一直就找了重庆市政府。我们去乡政府都去了无数回了。我们就叫政府看我们廖家坝那些老百姓怎么生存,又是灰又是烟尘。他说你要取证据,我说证据你们看得见的。我们这些农民确实是过不了日子。巴山其他地方都是好地方,就是我们这个乡镇,其他哪个乡镇都比我们搞得好。)

那时候不知道这个有害。打眼就是打干眼子,有很多烟,就有炸药的那个味道。出来满身都是灰,身上的灰除都除不掉。我一直没换地方,在一个企业。(问:有找过他们谈补偿吗?)没有,老板是当地人,他们挣到好多钱,好几个亿了,巴山最大(赚钱最多吗)。诊断完了我都没感觉不舒服,但现在就不行了,就是一感冒人

图 23　刘地沪家山下的锰矿厂（上图）和锰矿（下图）

都不能要，冬天更厉害一些。之前是矿关了就不干了，现在家里也没列入低保，还是靠以前下力的存款，两三万块钱，现在快用完了。亲戚哪个能帮哪个，都挣不到钱。

（其他人：我们这个大元村，70%都有得病。诊断出来的有好几十个。几个大队的人都在这里干活。所以现在乡里就不敢拿去检查。包括当兵，本乡都没得一个。）

（访谈时村民拿出多张照片显示矿厂冒出的黄烟和蓝烟，还有因污染而死去的树木。）

王胜兴：

"相关法律我基本上还懂，都是我自己跑（材料）、自己（法庭）陈述，有这个病的都得跑个一年半载（手续）才能下来。现在能拿到工伤保险两千多块，每月厂方还给我补助一千多块，所以我算是最幸运的嘞。"

访谈时间：2018年8月24日
访谈地点：王胜兴家
基本情况：王胜兴，1971年生，患尘肺病二期，2010年左右发病，一直在本地国营（指国有，下同。）锰矿厂打工。患病后自己跑了一年的手续，成功获得工伤赔付。目前每月有工伤保险赔付两千多元，厂方补助一千多元，爱人在巴山打工每月收入两千多元，父母住在山上务农。现居住在镇上合伙自建的楼房中，四室两厅。

我这个二期，现在得了这病又不能做活了。我今年已经七年了，2011年就没做，比（普查发现的）要早。我今年47了，39岁就得了这个病。我挖矿挖了21年，在咱当地，我在锰矿。从读了书之后就开始挖矿，14岁以后就挖矿，没种过地，就挖矿。读小学，那个时候家里条件不好，出来就开始挖矿。那时候，我的几个姐姐没得人挣钱，我就挣钱了。我父母那时候都五十来岁了，他们种地，我们兄弟姊妹六个，上面四个姐姐，我是老五，老六是个兄弟，他在外头呢。这里好多都是挖矿嘛，我们这条街都是……就有好多个。（问：姐姐也去吗？）她们女人就不能挖矿嘛，钻洞子就不可能。她们干不了重活啊，那些重活，打砖啊，需要技术的。（问：但是女的也有背的啊？）背矿那个时间多啊，（女的）也背啊。那个时间条件除了矿没的啥子门路。（问：你在当时挖矿的里面是不是年纪小的？）年纪小的吧，我们15岁就去挖矿了，是最小的。（问：之前家里有多少地？）地……你种地维持不了生活噻，以前种那个庄稼，你再种得宽，也没得用。

　　（问：那一直在一个矿上干着？）嗯，干了二十多年吧。没有换过矿，就是在锰矿。干到2011年呢，查出来了我就不……就没做了，不能做了。我也是听到了那个专家说，我问他，我说这个矽肺

图 24 王胜兴在接受访谈

能活得多的大概岁数啊,他说看你怎么活,如果就是那么养息了,你也可以活到 60 岁、70 岁。如果你还要继续劳动,就是三五年。我那个哥哥就是一期,头一年检查出来了,第二年就死了,那是我的堂哥。(问:您当时怎么想着去查的?身体不舒服?)你就像我们走上坡,你不能去走,走了,心跳就停息不下来了。他就疼,气就喘不赢。吐血。(问:多长时间吐一次血?)吐血从检查出来就吐血,现在也吐,现在吐血不是很多嘛,有时候要是不舒服,吐出来就,带血丝丝啊,要是不舒服就吐血。不是很厉害,就像口痰那么吐一两口。我们那有一个,可以吐一碗。吐半盆那他,是他们长期这样做工作,可以吐一碗。

(问:您在矿里打工的时候是个什么样的工作环境?)那个时间像打钻啊这些,都是没的……不戴口罩。就像所有时间你都没带,打干眼你都没带,有时间那个水进不来,有时间又断了水,也没得那个水。那个钻机就像高速钻机。(问:您也背矿吗?)也背啊,背。(问:打眼、放炮、背矿,都干?)对。(问:矿的老板是私人老板?)是民营企业,这个是原来我们巴山县的一个企业转在私人里,现在私人来的,也没挣了。(问:最早发现这儿有锰矿是什么时候?)那都是在八几年。我们那里储量是二千七百多万(吨)。(问:哪儿探的?)都是国家,搞地质的嘛。(问:但是一直没有国营企业在这儿?)都原来,我们做那个原来都是国营企业,它已经改制了就跟私人……(最开始)企业都是国营的。1999年改制。(问:之前您最开始工作那时候是国营的?)是国营的嘛。(问:您之前说那边一个小老板?)是国营的嘛,1999年之后就是私营的了。我们那个1999年之后,那时没有钻机噻,用煤油灯,改制过后它都是拿机器来,改了制过后就用钻机打了噻。原来是用煤油灯,照亮就是用煤油灯。原来是用手工采的矿。

(问:您1972年出生,1986年,14岁去矿上工作,那时候也是国营的?)那个时间就是国营的。(问:那国营的条件能好一些吗?)国营的那个时间还没得。(问:那有没有签合同?)那个时间不兴签合同。(问:工资怎么算?)工资……多劳多得啊。你挖矿算好多钱,背好多钱一吨。他那个只有一个月几百元吧,多少钱一百斤。那时候是五角啊,六角啊,就接近有一篓。(问:挖矿的价钱呢?)20块钱一吨,1996年,1998年,一吨哦,一吨20块。(问:当时国营生产管理是怎样的?有培训吗?)没有,那个时间还没发展到那一步,都没有,啥子都没有。(问:国营的归哪你知不知道?)归巴山啊,巴山县啊。经兴委现在那个党委还管这个,现在那个巴山的那个叫的……(问:所以在国企一天不干活也没收入?)那没的收入,都计件。吃住自己的,都不管。那个时间山上都是小型企业。都只能挣几百块钱,九几年的时间只有七八百、八九百块。姐姐就种庄稼呀,那时候地有七八亩,养点养殖啊,鸡啊,养猪,一家四五头猪,几十只鸡嘛。是啊,因为从我这个过后,在山上那时候没有房子住,就挣钱来修这个房子。弟弟比我小九岁,他背了两年矿挖了一年矿就到外面去了现在没回来。到外头那里去,在山西。他现在挖桩,就是搞这些建筑,打桩。他身体还好,就是没回来过,也没得,在外头没回来,就成了家噻,没回来过。

(问:矿厂改制有什么感觉吗?条件有没有变化?)改了制还是好点,他的经济一年比一年好,锰矿(工资)越来越高一点,工人也就多一点。改了制过后就能挣一千多块钱,2009 年,2010 年就是可以千多块钱一个月。(问:劳动条件有了改善吗?)那改了制,有些条件就好些了,有了山上原来用背的他就修索道啊,修车啊,改了制过后,路就打得宽一点了,用车一推给推出来了,索道运下来,以前这里没的,都不通公路。(问:改制之后没有签合同?)都没有,他这个都没有签的。(问:那你们算什么性质的工人?)还是属于厂方的……工人,现在工人都是属于我们这个乡镇,签合同的都是……2010 年之前都不存在签合同,现在签合同老板给你签你都不知道,工资给你发,工资在一个表,工资是三千,他扯的表就是两千。他那个工伤,你如果出了事,就按你的合同赔付,他就少给你钱。你如果不按这个程序签,他一是不要你,二是不给你工资,就必须得和他签……工伤保险原来是整个,最后了保险公司就要按人头……(受伤的)都还是得到了赔付,不过就是有些,他工资给你算得低啊,巴山现在矽肺病的有多少厂房他都按社平工资算,不按实际工资算,本来就是你实际上五千六千,四千五千,现在给你按社平工资就是三千几,按照这个出来要好多钱,就是没得那个按实际工资算,因为你签那个表的时间,你也拿不出来什么证据,就是这种。

　　（问：您查出来矽肺之后有没有找公司去赔付？）找他了呀，我找他赔付，给我们赔付了，他也就是按照社平工资嘛，就是两千块钱一月嘛，像我们这个二期就永远。企业好多有些都没得到嘞，就是头一年挖的第二年退了，他就没，就不承认了。（我还是）幸运的嘞，每个月两千多嘛，企业赔付，工伤保险里的。（问：职业病鉴定这些都是做过的吗？）做过的，2011 年，在重庆六院嘞，有鉴定的。（问：像您这样得病的多吗？）多，我们这个高燕这个，要占一半吧，这个也不是在哪个企业，有的是先做了好几年了，后来没做了又发现了，这个就挣不到了。（有的人）什么都没有，有些是退了过后才发现，不是政策来晚了，有的晓得了，因为没干了，这回家一种庄稼，发现了，就挣不到了。我这个是没换地方，他有些就是做了三五几年，后来就没干了，当场也没说鉴定，后头回来种一年庄稼，发现了，查出就是矽肺了。我们那个企业叫燕山公司，现在还……这个没生产嘛。这个企业，还算得上是高燕的第二大的，属于是国有企业转制嘛，小矿就给他打工，他来收嘛，下头这些小老板交给他嘛，承包制。（问：您这个大企业是发包方？）发包方嘛（矿发给小老板），我们就是给小老板打工嘛，赔付还是找企业嘞，找不到的他就是我刚才说的，过了几年退了，得病就不承认了。这个现在光是高燕，这样都有几百……（问：高燕这边的患者是以本地工作为主吗？）本地人为主嘛，我们就是一个队，一百人，现在矽肺病就接近十来个人，除劳动力就没的，一家基本就有一个，都是那么那种，赔付的只有两个，我们那个队。七八个都是那种，那老一点的，岁数大一点的，他退休退得早，检查出来就有了。（问：2011 年查出来的时候还在矿山工作？）是啊。（问：去找企业赔付是您一个人去的？还是工友们一起？）我检查出来，我们十来个人就我一个人去了，我都跑了接近一年的时间，材料嘛。他第一次不给你出这个检查，他不给你出这个职业病检查，医院就不给你诊断几期几期。有这个病的都得跑个一年半载才能下来得到，下来到了他要通过医院去检查。那个时间我还是，比一般我们当地上的还算是说得出来话的人，因为这个法我还基本上懂。我见到文件下来了，看了些文件，叫尘肺啊，或者工伤怎么赔付啊，我基本上都能懂，还有些不懂的就这个找那个，那个找这个，有些跑了好多年。要求企业开关系证明，做了鉴定过后也不容易噻，工伤保险要赔付啊，都是谈不拢，我们是经过劳动仲裁才能……跑县里去，找单位，就是劳动局噻，要跑到劳动局。现在巴山重视这个矽肺，重视这个问题。我2010年的10月份下山，10月份检查出来有矽肺，到2011年的10月份才跑下来。（这几年赔付的）没变化，工伤涨了两次，一次涨了一百多，现在是二期。他就没说这个后期好了过后，到了三期都没说了。

只有我才……基本上那些都没得。我读书才读了八册，没学习。我自小当家，14岁就当家。我晓得得了这个病，我把这些资料都……你想那是2011年，他们到现在都没有我这个清楚，我第一次看到文件，再之后看到文件都晓得这些。厂方的会计他跟我两个上庭了，他都没有说赢我。我们那个乡里有法律援助，我都是我（自己陈述的），我怕他们（说不清楚），我现在这个在工伤保险两千多块钱，每月现在厂方还给我补助一千多块，所以我在全高燕是最高的。我这个现在工资已经涨上了，弄高了，他们都没得三千多块，就两千多。我那个时间，我工作的工资高，按实际工资给我算了的，它就要赔付我，补差价。（问：之后有没有人像你这样的?）没有人跟我这样的，只有我这个是第一个，其他都拿不出来证据。我这些年的做活路的证，我都有，工作之后，工资都有涨的，反正仲裁的结果呢是按照实际工资。那时也是说在2011年是最辛苦的。（问：

后来巴山县 2014 年的体检你参加了吗？）就没参加。没去检查过了，就没工作了。

（问：你爱人现在做什么？）她在给人当保姆，也在重庆，也才出去几天，第一次出去。之前就在巴山住嘛，当保姆。就是带孩子，做家务。（家里）两个孩子，一个读大学，一个读高中，两个孩子读书，还有两个老人，七八十了，父亲母亲都在，他们住在山上，老家，大园村的。母亲今年眼睛白内障，看不着。她能做手术，在医院就看不着了，今年七月还是。老汉 86，老妈 78，老汉还能做饭。他们 80 岁了还在种地，两三亩玉米地，我们就给他们拿。现在就是三千来块钱，生活也不是怎么宽裕。（我爱人在巴山）一个月两千多块钱，重庆三千多块钱，吃住可以解决。

图 25　王胜兴（右三）在家中接受访谈，
得到工伤赔付的王胜兴的家庭条件比多数尘肺患者都要好

（问：有什么方法保养身体？）身体他真凉不得，不能感冒，生活疲劳也不行，不能吃烟，不能闻到烟，喝酒可以喝个啤酒，吃了烟，他就是痛。（问：目前在吃药？）原来是吃了的，那个黄根片、清肺颗粒，都是西药。清肺颗粒还可以，以前我也没有吃，没得感觉，没得好转，就是黄根片。（问：有没有吃类似抗纤维化的，汉防己甲素？）没，没，没得钱花那个，他们来发的。这个（一盒）吃一天就没了，那个起作用（泡腾片），吃了有感觉，以前没买过。

（问：2011年后还有没有重感冒之类的？）有重感冒，2011年到了九、十月份就有，它都有点咳嗽，就是咳嗽，身上说发热就发热，别人碰都不敢碰，手板心脚板心不敢挨，只能长期蹬在墙上，特别地烫。就发热，手脚发热，脚必须放在地上才行，它舒服些呀，就是这样才舒服，不然遭不住。（问：除了吃药还有什么？补养这样的。）反正不能干体力活动，他们有的吃的冰糖雪梨，对肺（有用的）……别的也没得。

（问：有因为重感冒或者咳嗽住过院吗？）住过院的，住了一个多月，上前年，反正人不舒服嘛，就去住院了嘛。（问：住院会帮报销吗？）它这是有个比例的，报销是一天100块。实际上要花两百多块，工伤保险给你。你现在住院都不容易的，像咱们这样工伤保险，厂方不给你出文件，你住不了院。（问：门诊看病能报吗？）不能报。（问：有没有参加农合？）参加新农合。（注：汉防己甲素2019年刚纳入新农合医保）也要长期吃一段时间就知道了。

（问：现在这个房子是哪年盖的？）2014年，自己买的，几家人扯伙修的，五家人住。手气不好，抓阄的六楼，每家要二十几万，一百四十几平，一次性出的。往年就是挖矿啊挣的钱，修的房子。

（问：自己之前去跑这些家里人还是挺支持的？）孩子小，女人她管不得那么多，只看我个人，啥子都是我个人。（问：现在每天在家里做什么？）现在每天跟他们吹龙门阵。现在没有啥子打算了，就靠后人，把书读完了，我活都不能做了，还能打算啥子。

我这个人打工的时候，都是打工的头子，所以说我那个就在法庭啊，那个劳动仲裁，硬是要跟我谈判，没谈判下来，要找法律，他一般他……有些都说不动。（问：有没有人来向您讨教这个过程？）有人那跟他说了，他也不懂，你跟他说了，还没出过社会的人，人家几句话就把他喝退了，他也不愿意跑。有些一次性的，十二三万，十一二万，就把钱给他结了，一次性，我这个是持续的，首笔是九万多。公司不是一年去检查，后面有了就是统一的，从2011年过后，有些这个政策来了，就没有甩脱机会了。有些人就放弃了，没的那个力气跑的，今天跑这里，明天跑那里。有些老板他不想赔给你，就软磨硬泡，他也是甩脱，也有其他手段，没整了，有些找都找不到。（问：现在每个月工伤保险是两千多，公司补偿一千多，这两千多……）直接打到我的账户上，公司（那部分钱）是直接到厂子里面领，它生产我就过去领，（厂子不办了就）一次性赔，它这个厂不能倒闭嘛，倒闭了它就……

（问：爸爸当时得病的时候你知道吗？）（王的大女儿：我只知道他受伤了，就说去打官司嘛，咱们什么都不懂。）（问：现在读什么专业？）（王的大女儿：我是高中考的大专，学的教育，今年考的编制，幼师，在上班，我六月份才毕业嘛。）（问：离这儿有多远？）（王的大女儿：不远，也就75块钱，两三个小时，住学校的寝室。现在幼师，但是我大专嘛，工作这个，一个月两千四五，然后五险一金嘛。就是考公证嘛，考了一年才考到。如果在私立幼儿园，就是一千都不到，只有考上公立的才有保障，没考上也恼火，考公立是这样。）

刘敬福：

"在山上背矿，就是挣几个钱，哪管得了那么多喽。我当过卫生兵，在部队学了点知识，回到村里啥子都忘在脑后了。矽肺这个玩意儿啊，治不愈的，把它控制好就不错了。得这个病，得心态好，如果心态不好，身上有包袱，那就死得快，你几天就完蛋了。"

访谈时间：2018年8月24日
访谈地点：刘敬福家
基本情况：刘敬福，1951年生，患尘肺病二期、肺结核中期，2010年左右发病，未得到工伤赔偿。因在本地锰矿厂打工患病，曾自学中医，目前家庭收入主要靠经营药铺，自己开药调理病情，并帮女儿带孩子。女儿几年前养鸡赔了十余万元，正在打工还钱。

（身体）也不好了，工作经历嘛，没什么工作经历。我今年68了，1951年的。（哪年当的兵？）1972年出去的，21岁出去的。本地当兵的人，每年有几个出去的，每年每个乡六个七个的，我们那年出去六个。（问：那时候还没开过矿吧？）那没开。我们出去的时候，汽车就只有四台，那就那个生活太（穷苦）了。（问：你当兵是在哪儿啊？）我当兵是在西藏，就是那个进藏，然后从西藏出来就在飞机场，进了四川的犍为县的飞机场，蒋介石（用）的飞机场。我是陆军噻，卫生员也搞过几年，当班长，（军队）是步兵，野战军。哎呀，年轻倒是身体好，老了身体不好，老了又这样得了病，又是矽肺，是矽肺中期，也是肺结核中期。我那年咳嗽哦，去检查，矽肺中期，肺结核中期，让我输六天液。想了想算了，还不如我回去自己吃中药自己调理。那住院那个液输多了不好，它有耐药性。吃中药慢慢调，调理好了就好了，没有反弹性。

（问：当卫生员有学习吗？）学习那个，也学习了一段时间，也就搞忘了。都回来，回来也没得吃的，就在农村。再以后就下地，种庄稼，拖了几个孩子，所以憋着自己，怎么样也要用粮食把小家伙喂大。那一天就是劳累到，那还有什么闲心。三个小家伙，那时候啊在山里经济条件就不好，几个小家伙把我逼得没得法。钱不管多少，医生下了药，小孩就清爽了，好了，那父母就高兴了。我就没法，实在没有办法了，我就买了些书，在煤油灯下慢慢读，我就得看书，看了基本知识，把小家伙医得了病。我老大和老二得了肺炎，那你也没法啊。……我跟他们是同学，他说我教你个简单的办法。他说感冒了就用哪几样，哪几样药，中药你还是外行，我就那个时候加了青霉素、链霉素，加点什么其他的一些药。

（问：那你完全等于是自己学的？）嗯，我就治我娃儿。我读三年书，（懂这些）我是没法，别的没法了。当兵四年，最后他叫我多待一年，我说我老娘没得人（管）。他不许我回来，我说我老娘没人看管。（在部队）学了一点，就是学了点基本的方法，感冒啊，这个战场救助啊，就是那一套，那时有药箱箱。（问：学的知识还有用吗？）那个时候在部队学那点知识，我回来，一在村里，啥子都忘在脑后了，学的那点知识嚯，就是为的娃儿逼出来了，两个小孩……大家伙，我大孩子是肺结核，那都是拔罐了没管用我在把他医的他打针的。

回来大集体啊，还在劳动，种苞谷，山上怕挨饿，怎么地也得出活。（问：那会儿父母年纪多大？）我部队回来二十五六岁，我父母都60岁了，我就是为我老娘才回来的，部队就是不许我回来，就是不让我走。（问：兄弟几个？）我兄弟，我生来只有我一个，我后老汉有一个。我两岁时我父亲就去世了。（问：所以是后老汉把你带大的？）关键还是靠我母亲，我母亲带我俩很苦，他根本就不回。我回来是1978年结婚。（治病）就是，说穿了就是憋出来的。（问：回来就一直做农活？到头能分多少钱？）农活我们那时候一天就十分一个工，一个工分生产队是一角一分钱一分，有的生产队就只有七分八分钱一分。我们那个一队，那就最穷，一天就是一个分七八角钱那就了不起了。（问：结婚以后生活怎么样？）我们结婚以后就是很苦了，反正就那一年，在 1981 年才（土地）下放，那个巴山推迟了。（问：土地下放之后能吃饱吗？）下放养猪那都……那都可以喂猪了，可以顺其自然了。在 1981 年到 1989 年，那都是交一半，卖一半，喂两个吃一个，喂一个吃半边，要交公家噻。（价格）那就是三角几，就很低的价钱给它（国家），给它三角八，买出来五角几。（问：养鸡不用一半给它吧？）……（摇头）（问：集体化的时候猪也不许喂？）那阵粮食没有啊，那时粮食（还能）喂猪？

图 26　刘敬福（中）在接受访谈

我三个娃儿，是三个妹儿，我老大是 1979 年生的，老二是 1980 年生的，老幺是 1983 年生的。（问：那你怎么不种地去挖矿了？）那就没得法啊，我就为了几个小家伙读书唉，她们读书上学那时候还要几百块钱的，到了她放暑假了，把三个人的学费挣的起，过年再放寒假了，把她们的一年的书费都挣起，那时候还要上交税（注：三提五统），还有公路款，我那个时候加起来要交八九百一年。（问：那会儿一年收入多少？）那会儿出去我打小工，下苦力，累的挣五块钱，那时累得吐血。一般的挣三块钱。小工那就做的是在山上背石头啊，砌房子啊，运料啊，运石头啊，最好的五块钱那就累的，现在人吃不消，一般的都是三块钱，五块钱那时相当好的。你像我们那里交通不便，交通费，这个运费……一般地要一百斤要给两块到三块的运费，就是那个概念。那个我们就是没法，没钱儿你就挣。（问：你哪年去的矿上？）我 1986 年，我到 2000 年才截止。2000 年干完了，我老娘死了我才没有挖矿了的，我老娘 2001 年 10 月死的，死了过后就没挖了。（问：就在山上挖矿？）嗯，就在那。我家住得远，靠在大山那里，那大山。（问：现在那还有房子嘛？）有，还在呀，还在用，还可以住人，没得用，买点鸡鸭养。（问：谁上去喂啊，那么高？）那个我的女婿他妈和老汉在上面。（问：1980 年代那会儿才发现矿是吗？）那是 1987 年开始就全部是手工打，根本就没的……不是机器采，就是那个钢钎锤子打，再一个用锥子，一个人这么的，一个人打。（问：打一个眼要多久？）那得分打得深浅，要是打 15 尺深，起码要打半天。要像那个石头，锰矿，原生锰相当硬，那就不是普遍的那些石头能刨……（问：洞有多深？）就四五百米，两三百米，七八百米，千八百米，两千多米，洞有两米高的，用木料（支撑）噻，它就拿，用几个拱子拱起来噻。（问：有没有塌方的危险？）危险，唉，那个……洞子都有，那个真危险，事故那反正每年在高燕，在两（个）山上，不是这个山，就是那个山。因为什么，洞子它也出事故，有时候它洞子扣得不好，在山包后头，卡到山石，后头那里有个家伙就遇到了。有的时候那个洞子没有靠紧，靠松了，他们一放炮就空了，就倒了。

（问：那些活你都干过？）就手工，加钻机……（问：放炮、出矿都干？）都干，起初就是手工打的，用背篼，这么大的背篼背，最后就是用车子推，背篼那个能装两百多斤。两百多斤在洞子背出来后推。那起头没的轨道，就是背，最后加车子推，最后有那个打钻的时候有那种……那个小轨道推出来，那干过。（问：1986 年去的时候矿是国营的？）那个矿是私营的，1989 年到 1990 年，他们才……国营，才正式形成，在 1986 年到 1989 年是私营，那锰矿上，交给那个锰粉厂，是县企业，然后就是五花八门的。（问：干活有没有签过合同啊？）合同……我们那些年就是没有签合同，人嘛只为了挣钱，只要挣到钱，没得听说得矽肺。那时候就没得个合同，就是想挣钱，今天就把钱拿来了我们就走了。（问：工钱几天结一次？）工钱就是挖的交了的就付钱，你把矿交了就付现金，他收你的矿，你交给他，让他把钱付给你。（问：还有延期的？）嗯。（问：那会儿算没算账，就是干一年下来能收入多少钱？）哎呀，那一场下来就几千块钱。我得把庄稼种了，才得（出去）。那两三千块钱吧，比种地能好点，但是我们带着种地。

（问：咱们巴山县的锰矿是哪年发现的？）锰矿是 1977 年，那个就是专看地质的二〇五队，还有六〇四，勘探的，那就采，就是氧化锰，做那个电池。（问：一开始是谁开发的？）一开始还是县……县局里的张九成（音），他是厂长，巴山县公司的厂长，锰粉厂厂长。（问：县企算是公家的吗？那雇工人没有个说法？）这回垮了噻，没到几年就垮了。1977 到 1981 年，锰粉厂就不行了，就不存在了，把你开了，就是那个就是这样。北京那边的廊坊也路过的，火车过去廊坊。

（问：一开始锰粉厂是打成粉？）嗯嗯，打成粉，就是一开始是做成电池，但是电池效果不那么高，他就……就不生产了，就只生产锰粉。（问：那会儿劳动条件也很差？）相当差。（问：你当过卫生兵，不知道那个会有危害吗？）在那个条件下，那种条件，当时尤其不晓得噻。那么就是挣几个钱哦，就管得了那么多喽。（问：哪怕戴一个口罩也好点啊？）戴口罩？饭还吃不来，把钱挣到包里头，又要种庄稼，那个时候就把钱揣在包里，把这个娃儿带大了，根本就没考虑得什么病不得什么病。没考虑这现在……没法，没法说。（问：那你到矿上工作算是岁数比较大的？）我算岁数比较大的了，31岁。（问：有多少人在矿山上工作？）矿上吧在山上，那片山，这片山，有千多人。（问：多少家矿？）具体好多家……我没，因为我没出到门前走我就没注意，大概就七八十家矿，七八十家矿老板。有些一个洞子，有些两个洞子，有些三四个洞子。（问：老板都是本地人吗？）本地的。（问：本地的老板是不是对你们还好一点？）哎，跟本性有很大的关系。那个本性好，他的天性好，他就对下面的工人就好。遇到那个有些，千奇百怪的都有，遇到一些怪相的，他就对人就不好。

（问：有多少矿是国企承包给小老板的？）啊……承包的实行，承包制是在1995年过后了吧，2000年到2005年这个之间，它就实行那个承包的。比如说你的矿山承包给他，1995年开始。（问：是改制吗？）（以前）不是国家的，也是属于国企，像……（人名）啊，他的势力大了，他有钱了，这批矿山开到五个洞子，他就给你好多钱，就给你承包了。除了唐振山（音）一个同胞在，他那个接管了的，他从1990年开始的。（问：1990年是什么情况？）那个就是国家的，我就不清楚了。（问：您是一直在一个老板那边干？）我一共是两个老板，起初是×××（音），他是卖给我矿，第二个就是唐振山。（问：哪一年跟的第二个？）1985年到1995年都是私人老板，1995到2001年是跟唐振山（干）。因为那边就没得（矿）了嘛，矿挖得差不多了，才换了矿。唐振山那边是，1997年、1998年开始用钻机。（每天）回家住，我到矿那里要走两个小时，每天到时候你就干，什么时候上班你就提前到洞子去。（问：每天在矿上干多久?)最多八个小时,九个小时,十个小时的也有。晚些……那就一般的,那个晚些最多三个小时,在转机的就晚些,就是十个小时。农村人屋里该做的还得做,关键的时候我还得管才行,那是有点忙就是。(问:**女儿在哪里上学?**)在那山上在那边,村小。她们把家安起来了,都在农村。有一个在上头,有一个在庙坝。老大嫁的合川的,现在在广州打工。他(夫妻)两个去的,两个小家伙就在我这儿。大的两个孩子,两个妹儿。二女儿也是两个孩子,三女儿也是两个孩子。

(2001年)我母亲死了,她们这些小后人也不让我干,不让我进这个矿山了,叫我摆个药摊。发现矽肺是2010年,我是感冒了咳嗽,咳得吐血,我就没办法,那就救不活了就算了。两个小家伙她也下来,她有饭吃,非要把我弄到县医院去,又帮我在县医院检查。就是两样,肺结核是中期,矽肺也是中期。她教我输一种药,我输一段时间就不了,控制住了就行,输的那个头孢。矽肺我就在……那个,××给我开个手续我去检查,检查出是中期,那就过了三四年了,实际上2010年就已经……有时候那就有感觉,感觉特别像是感冒,走路它(喉咙)就堵,就喘不赢气。感冒了就咳得,不像平时感冒了整点药就好了,那你就一般的招架不住他。但是像那种感冒,西药它不得行,吃了它反弹,看着好了,你不吃有时候它……中药吃那个川贝皮、款冬皮、款冬花……(写药方)我一感冒了,就这个,我都不信西医,我不信。女婿让我去打吊针,我说我不打吊针,我就吃中药,我儿媳气我,就说老汉我去喝酒。(问:**你自己用这个中药,自己感觉还不错?**)我用个三副,就会好。我感冒了,就去喝它。给其他矽肺的人,有些不一样,有些他是那个肾伤的,有些肝伤害的,有些是肺气肿。(问:**一感冒咳嗽会咳血?**)都咳血的,现在不咳血了。(问:**有没有再去诊断过?**)我一般都没有去看。

我少去医院看，我今年 68 了，我只输两次液。我在部队输了一次液，回来输了一次液，其他我没输过液，一般我不输液。我现在感觉我只要不感冒没啥，走路那一般没好大问题，现在不喘。那个（诊断完）给了三千，有那回事就有那回事，三期给五千，二期给三千，一期给一千，其他就是一年给打了个四百块钱，后来只有个二百八十块钱，反正……（问：复员军人有待遇吗？）每个月是两百块钱，只有一百六好像，现在没涨嗯，说是八月以后涨，也没有涨到。它是从……开始是从 2011 年，满 60 岁才开始，不满 60 岁拿不到，开始是拿二百块钱。

（问：您现在开药铺能赚多少钱？）开药铺……就是整着好玩，耍着不好耍。生意一般，有时候没得生意，我的生意就是一些老毛病。我从 2001 年开始，原来在上面，在那个厂门口，是 2011 年（搬下来的），房子是楼上老板的。（问：租金一年多少？）三千。主要是照顾学生（外孙女）念书。（问：女儿有给您寄钱吗？）她去开鸡场，亏了，又去打工。养鸡从 2000 年秋天，亏了那个鸡，那巴掌大块市场，那个山地鸡它就是起码得四斤多。一个鸡子赚几块钱，你要是多喂它半个月，鸡子吃得多，尤其它不长，就亏了，亏了十几万，就是它把我整倒了，要不是她开鸡场……（问：女儿生活上会不会帮助您？）反正慢慢混。药我在山上采一些，有些是因为山上采的药比公司进的药性还强一些，山上那个药……有些没得山上采的好，新鲜的药它就强一些。爬的了山，走个十几二十公里不要紧。（问：有没有人来找您帮着开药的？）有，多也不好多嘛，但是有，都是本村的。有的是妇科，我老娘会医妇科，属于生理毛病的，她就可以医，她就可以上山去采药。她就你几年开始生，头个是男是女，好带不好带，她一看就晓得，她也是祖传嗯。（问：妈妈那会儿教你吗？）那时是讲。（问：您一般怎么给别人看？）望闻问切嗯。

从人的面相。

图 27　刘敬福家中的中药橱

（问：现在采矿的还开吗？）好多都关闭了，现在它有的那个环保，一般那个环保条件达不到它不开。（问：平时还运动一下保养吗？打太极拳什么的？）我不是太极拳，是五合拳，龙虎蛇雀豹，起头不一样，太极拳它只是……五合拳不一样，它没有规律性，太极拳有规律性。我是在那个当兵的时候学的，也可以强身健体，一般可以自卫噻，晓得点吧。（问：以前一起工作的人有没有得矽肺的？）有哇，他们和我一起，我那个老表，他是三期，他就喘，他严重些。他吃我那个药，不得行。再一个他三期了，他把那个烟戒不了，他抽那个大烟，那个老烟。我就把那个老烟就改掉了，我不抽烟，酒有时喝点，不喝多了。能喝二两就喝一两。

（问：您女儿开养鸡场，亏了十几万，家里有欠债吗？）就是欠债的，就是借的贷款咯，十几万，就卖房，现在打工想把钱还上，欠着十几万，我把她生活上……给她帮她小家伙照顾到，都不愁了，现在（生活、念书）是我的噻，小的大的都是我的，我挣不到钱。（问：她在广州那边是做什么？）做衣服，他两个人一个月就挣得到几千块钱，原来做过的，现在七八年没做了，就手笨了，精巧度就不行了。（问：身体这几年有什么变化？）现在跟我刚患病的时候，那时好点点。吃集团免费发的药，开会的时候发了，我现在吃他那个药，没出钱，免费送的。（泡腾片）发的一个月的。他那个药是有效，吃了他那个祛痰的，当时吃就是，一个星期就畅快了，就有效。（问：吃完之后您还打算买吗？）也不知道，一个月吃了，我就不清楚了。

（问：您现在觉得生活上比较大的困难有什么？）困难就是个……就是我这个老了的矽肺，矽肺是个顽症。我们这个矽肺也没得到国家（帮助），他们那些一个月就要拿到几千的生活费，我们这个一年就两百块钱。如果是我们这个病发得狠了，这个时候就得去买药，一年两百块钱……我从来没找过政府，你去找他闹事，你起码得找到个……乡政府，说实在的，它也没这个权限，没法处理这个问题。也就上面的政府，对下面这些病人，对我不是一个人，普天下好多个病人，有些比我病得狠些，像我们就要学会生活上调整好。（问：亲戚朋友里患矽肺的多吗？）多哟，这个村上好几十个哟，没得到补助就有 25 个（数人名），就没得到国家的帮助，几千块钱那个就没享受到，一年就拿两百多块钱，他们那些就……在矿上年轻的，像×××一个月拿两千几，三千几，他们是国家那个安排厂家在最后，有厂家依靠。拿到钱的因为他的年限，他得病的时候检查出来他还在厂家干，他还在厂家，他就能说走。我们提前在厂家干，现在我们没在厂家干，你不去找他，好像你找他，就好像抬不起这个理，就不得人话。我们没办法呀，我们提前了，我 2001 年就没干了,巴山从……巴山查那个矽肺是 2008 年才……你说我们一年才 280,你说我们有啥钱……(问:像那样的一个月两三千的有几个人?)那不多哟,我们没拿钱的好几十个。拿钱的,我们就是(数人名),我们队就他两个,有三个是一次性付的,我们没拿钱的就五个,就是国营的厂子,我当时也是国营,我就是从 2001 年就没干了。巴山推迟两年,2008 年他们才正式修订那个矽肺的(政策)(指王胜兴)岁数比我小不少,他是 1972 年。他就是检查出来得病的时候还在挣,他那个就说得出道理,因为他在厂里干活,我就没在干,我们没得办法。

(问:附近有没有人因为尘肺去世了的?)有喂,那个……(人名)就走了,他比我小三岁。(问:一起在矿上的去世的多不多?)多哟,厂里有好几个,现在就是,那个老表,也是补偿了的,那是我老表嚯。他很瘦,说倒把就倒把,主要是他不注意,他抽烟没戒。他得矽肺病,感冒去医院,在医院就……满头发汗,他是嘴巴张着,吸不进气,他就是矽肺嚯。矽肺到了年纪,就到了狠的时候。

(问:您会害怕吗?)这是到了一定的时候狠了,就走不得,一走道就嘴巴张大,出不得气。矽肺这个玩意儿啊,治不愈的,只把它控制好就不错了。你再想它,还是这样,我就是不把它当成……我就慢慢地嚯,该做啥子做啥子。

(问:两个老人照顾孙娃,打理药店,会不会比较辛苦?)反正也就不打算吃好了,和稀饭,该补的时候才补,不该补的时候补不得,补狠了也不得行。(问:冬天的时候感冒多吗?)一般只要……感冒了就是出了汗哟就擦干。(问:感冒严重不严重?)感冒了就重,感冒了就是咳,咳得胸痛,吃西药治不了,那不行。

(问:现在一个月大概能挣多少钱?)我们一个月就千把块钱。其他的我老了都没什么收入,就没有什么。我一家人的生活就是两个学生的杂费啊，一个星期回来就八十（元），两个学生，一个星期回来一次，在县城（上学）。（问：学费学杂费是多少？）三百多（元），上期，还有下期噻。她一个星期的生活费，她还不够用。两个一百六唉。（问：是在一起吗？）不是，大的在职中，小的在城中。（问：平常除了打理药店，还干点其他的吗？）我干不了其他的活噻，干不了的。家务活大家做了，身体也不得好，前年（妻子）还动了手术噻，股骨头坏了的，换股骨头，走路还摆哩，在县城（做手术）。（问：像您除了肺，身体没其他的毛病吗？）其他的，我就是关节炎，我一般痛起来了，中药吃了就行。（问：中医教给女儿嘛？）女儿嘛，她看这个赚不到多少钱，她不愿学。她愿意做其他活。（问：女儿读书读了几年？）有两个是读了六年，大的读九年，就去打工了。（问：女婿都是做什么的？）就是打工的，打工仔，二女婿和幺女婿是本地，大女婿是合川的。（问：还要帮二女儿和幺女儿的忙吗？）不需要，二女儿和幺女儿都不要我管，就大女儿，家里穷噻。她把那个人照顾好了就行了，反正就靠自己稳当些。（问：肺结核还没治好？）治好了。首先得这个病，得心态要好，你如果心态不好，你就身上有包袱，那就死得快，你几天就完蛋了，首先是心态，就不把它当好大回事，反正慢慢你去调养，那就算很好的，不要特效药，你就把它控制稳定，心态好了，早晨活动锻炼很关键。

廖廷居：

"我们兄弟五个，只有老四没有（矽肺），他学驾驶搞运输；我高中毕业，学过中医，知道粉尘那个东西（有害），就要求工人都戴口罩，但防护效果还是不行。我轻一些，我家大哥已经去世了。"

访谈时间：2018 年 8 月 25 日
访谈地点：廖廷居家
基本情况：廖廷居，1963 年生，2014 年查出尘肺病一期。兄弟五人除了当兵的老四，其余都因在金矿打工患了矽肺。曾自学中医，现为村医生，与妻子在九重山景区附近开农家乐。

我们兄弟六个，只有老四没有（矽肺），老大，老二，我老三……只有老四他没得，他在重庆，他是当兵出去了，在长春，在那边学了个驾驶，开车嘛，就一直在开车，（当兵）回来了就在重庆开车，搞运输。我们除了老四，五个兄弟都有（矽肺），老大已经过世了，57岁。

我读到高中，那个时候读高中读得时间短，我1977年毕业的，那个时候我们是读两年，初中两年，高中（两年），我们是1979年恢复的高考。（问：您哥几个都差几岁?）三岁，（除了二哥）都差三岁，小的那个是妹妹，七姊妹，人多，我们家里面非常艰苦，就是你想七姊妹那个年代，两个老人拖着我们，不容易。（问：父母就是务农，种地?）种地嘛。当时家里解放初期嘛，我父亲当了八年乡长，那个后来，当时也是属于工农干部，没得知识，处事不行，得罪了很多人，他工作组……得罪的人多把他弄下去了。1950年就当了个乡上的干部，就一直当了八年，1958年就把他开除了。（问：他是党员吗?）不是，他不是，不当了。如果他那个时候不倒台的话，我们绝对弟兄姊妹都不是现在（这样）。20年前，毕竟你有个靠山，环境各个方面都不同。（问：您父亲是哪年出生的?）1928年。（我大哥）他是1953年，妈妈在家里嘛，妈妈是1933年，比爸爸小五岁。我母亲是2005年（去世），13年了，我父亲今年才（去世）满三周年。（问：其他的兄弟读书多少年呢？）老大老二都读了初中的，我读了个高中，老四读的初中，老五小学，他不读书，老六高中，他大学都读了几个月，就不读了，刚好那个教育制度刚改革，实行自费读书，都是自费生，那是八几年……考上那个重庆……政法大学（西南政法），读了一年他不读了，就是他说那学问没有用，把我气疯了。他如果读毕业了的话，现在都在县政府，绝对是一个啥子局长副局长。他没读了，就跟了那个一块上了金矿了。就那个时候1992年、1993年，我大哥先上矿山上去，大哥去了后就二哥去，二哥去了后我们弟兄几个就都去了。1993年，我们弟兄都去了，去的陕西潼关，都去搞金矿了。那个年代实际上，本身我学过医的。我出去过后，没有多长时间，我就跟矿上的老板熟悉了，我就当包工，但是我手下的工人必须戴口罩，这是我要求的，必须戴。（我这种人少），凡是我的工人必须戴口罩，我要求的，我说你必须戴口罩，因为挣钱是次要的东西。

（问：您学医是怎么学的？）我是属于……我原来是高中毕业嘛，在企业的煤窑里面干了两年，就是那个山坡上，小煤窑。那个是属于集体的企业，叫社队企业。属于乡的，那个是叫公社。那个地方搞了两年，后来回来又做了两年生意，就做小生意嘛，后来又在学校带了两年课，在罗江小学带了两年课。上高燕的锰矿，在锰矿上面，下苦力，背，把人背病了，就背了一天，就把人搞病了。把人整病了过后，反正医了七十几块钱，那时七十几块钱很难。后来就那一场病是大叶肺炎，休了整半年，后来身体就一直不太好，就额窦发炎，有那个病把我整了。后来就是三四个月时间吧，这条街的医生，有名的医生都医焦了，医不好。我妈和老汉搞迷信，就是说我医不好，肯定是要请神了，我们地方上面就说，做道法，驱邪还

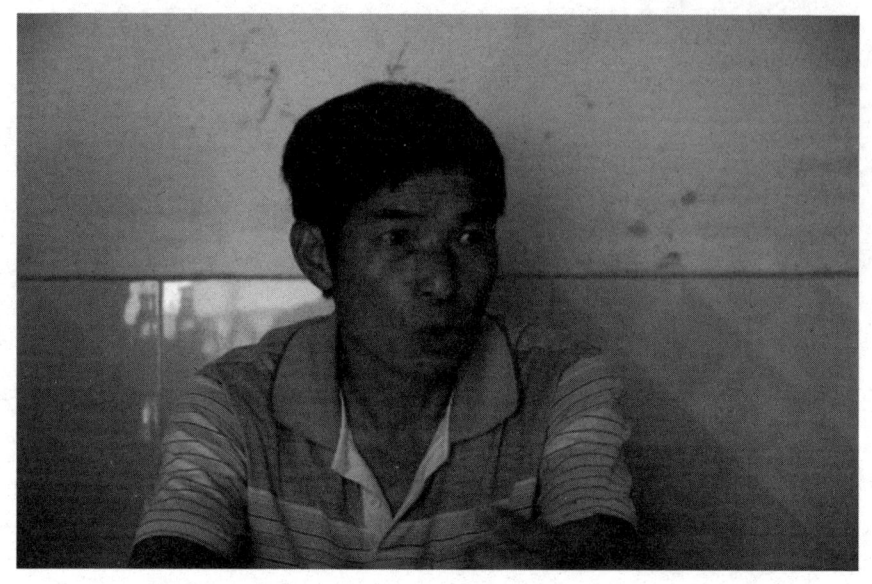

图 28　廖廷居在接受访谈

是不行。不行后来，就是第二年，我父亲在那年的冬天得的病，我父亲在街上就买了本日历回来，日历上它上面就写了一个病症的处方，和我那个病症是一模一样，我就看到那个处方，把它写下来，就叫我父亲到街上去给我抓回来。当时我也不懂医，就照本宣科的啊，就说要3克，我就照着写3克，抓回来只有这么一把，我说太轻了，轻了也能把人救活嘛，管他的。后来这个药，有神效。就是这么一点点，妈妈就这样熬来喝，还不到十分钟，顶多不到二十分钟，马上就起效了，整个大脑就清醒了，里面它发出一种声音。它这个病，窍口那些都封闭了，通过那个药它窍口就开了，它就响了，是发出一种声音，它响了。我跟爸爸和妈妈说很有效果，我马上就清醒了。后来第二天我爸爸上街，我就把分量改了嘛，又抓了一副回来，我后来就好了。就是那么个时候开始，考虑到学医这个问题，非常重要。我说我现在那个病了的老五，老五和那个老二，我说我们弟兄姊妹的娃儿当中，最低要培养一到两个医生出来，我说我已经就到那个年龄了，我们的下一辈绝对要培养医生，这样对自家人也有好处。刚好送到重庆那边，去重庆学医去了，在那个……重庆联合大学。我啥都没学，专门学中医，中医那是个了不起的东西，真的是个很了不起的东西，他那个多少西医治不到的。我们一般治病的都是穷人，在那些大医院治不了的回来，我们都把他治好了，通过我的实践嘛，对中医非常认可。那个（得病）的时候没学，就是通过书上那个方子，医我那个病，有了那次。那时候才二十来岁吧，你想二十来岁的人，上那个坡路就往后退，你说人虚到什么地步，长期了就把人都搞虚了，到那个程度，后来我就认为学医非常重要。就是在高燕锰矿的洞子里面，干那个非常有关系，后来再也没去锰矿。后来过后，就我那个老师，原来是重大毕业的，重庆大学建筑学院毕业的。他回来过后，那个时候，1962年，到处都饥荒噻，他们没读毕业就回来了，他就只学的医，只学的中医，他学得很好，他的语文知识很高，他做的对子、写的诗都很不错的。他只学的医，学医学的很有名，在本地治病很多人相信，在当年培养赤脚医生的时候，我们去的。我们九个乡呀，赤脚医生都是他带出来的，后来他学的通过……他开药方噻，有点错误弄到劳改队里面，劳改改了五年吧，在劳改队里面写书……（问：是什么错误？）是其他错误，劳改了五年，但是他在劳改里面学了很多东西。他的知识很高噻，他医学方面的书一看就懂。他写那个书写得相当精炼，比如说中医学的那本书哈，比如说一个症状，什么体征，中医要用什么药，西医要用什么药，他全部是用那个三字句，五字句，七字句，这样编写成的，编得非常精炼。他是中西医结合这样写的，非常好。当时我学医的时候，他叫我看他那个，要读他那个，当时我学医的时候读不懂，现在读得懂了，那个书叫别人偷了。书不在了，也是我们本地的一个娃儿，偷到新疆去，在新疆那边承包了地。他就通过那本书，在新疆是一个名医了。

（问：你是哪年跟他学的？）1984年，病好了，已经好了，但是我1984年以前都一直在看医学方面的书，一直看。我跟他学医的时候，我到他那个药房里面，我六天就能给人家开处方。（问：学医有没有拜师，要求什么的？）有，他这个学得很好，他把脉哈，当作了CT，他就那么厉害。真的，比如说你一个人身上长了肿瘤，他通过把脉他就能够知道，并且能知道大小，还晓得是良性恶性。（问：他还看病吗？）看，找他的人多，他曾经写了关于肿瘤方面的一篇论文。他1971年就发表了，他是发到卫生部，那时重庆还没分出来，还属于四川管，卫生部交到四川省卫生厅。我们万县地区卫生局采访那个人，区医院院长说我的老师是个巫医，他们就回去了。回去了过后，他就跟我好，那个时候关系就好嘞，他那个时候已经从劳改队回来了，跟我说，他说我们中国人没得福，我那个东西要向外国发表。他就把这个东西写到了新华社编辑部，新华社编辑部它是对外的。新华社编辑部收到他的稿件过后，他们编辑部就又把稿件转到卫生部去了。后来卫生部又交到四川省卫生厅，卫生厅又交万县地区卫生局来对他进行了解。结果就到医院，那医院的院长说他误会，他说第一次说他是巫医啊。他说他误会了，实际上他发表的那个癌症的论文，一个姓马的抗癌专家，发表的那个论文，是一模一样的，就是说基本的说法大致是一样的。但是他比那个马教授啊发表那个癌症论文提前发表十五年，他就那么厉害。他们的观念是一样的。像我们周围好多在西南医院鉴定的肿瘤、癌症，鉴定了回来找他问医，他摸几下人家手就（知道），他是本镇的，他不走运，运气不行。（问：劳改五年是"文革"当中吗？）"文革"当中。

我1963年生，二哥比我大六岁，其余都是三岁（的差），我参加过（集体化）。放假，初高中的时候都到地里面干活嘛。（问：那会儿就家里两个老人挣工分？）对对对，粮食啊……我们这里的条件比较好，比我们的老家……比在这儿下面，我是开药方来这儿修的房子，原来在下面半坡上，那个地方很好，当时的那个，我们乡上那个时候属于罗江公社，我们叫兴农大队，现在改叫兴旺。我们那个罗江公社是九个大队，其中我们有两个生产队，就是我们生产队和上面的一队，无论从哪方面都优越于那些……因为我们茶叶多，还有桐子，桐油多，出口的，经济作物。我们还水田多，现在我们都没种水田，全是种旱地，水田能占一半吧。具体分多少钱我都不清楚了，那会儿小，反正在全公社来讲，九个大队，大概就是个七八十个生产队。罗江上面一个队，我们队好一点，至少吃饭吃得饱。还有就是说，穿衣服，哪怕穿的破一点，就一年四季还有换洗的。（问：那会儿吃什么？）都吃大米、玉米、土豆啊，红苕啊都吃。那时大米好吃，比现在的大米好吃多了，一年一季，整个巴山都只种一季。苞谷和那个土豆是套种的，苞谷就是土豆的行行里面点玉米，土豆成熟了，就把土豆挖了，后来就是玉米，最后就收玉米嘛，算幸运的。劳力不多，（老人）辛苦，确实辛苦，非常辛苦。

（问：跟其他家庭比较起来，娃娃读书是不是比较多？）应该是，好多……差不多都不重视这个问题，但是我妈妈和老汉都非常重视这个问题。（问：跟父亲当过乡长有关系吗？）也许吧（笑）。我们父母的态度就是，只要你能读，能够读到啥程度，就给我读，因为我父亲犯了错误后，回了乡下后受打压，我哥哥想当兵都不行。后来我家老四去当兵，都是属于很晚的时候了，都改革开放了。（问：具体父亲犯的什么错误？）几个方面，生活方面有问题，还有一个贪污，他一个……他贪个啥污嘛，蛮受影响的。你像我们弟兄都不能当兵。（问：别人家的小孩有没有欺负你们？）肯定的，都受欺负。那个时候嘛，反正小孩儿也说不清楚，还是在一起玩，都小。他分不清那些东西，那些大人就……我父亲挨批斗的时候，挨过批斗，很多人都晓得，后来就说……就说我们，要说一些，但是我们小的噻，都不在乎。你说你就说你的，包括我现在都是那个天性，你对我有啥不满的，你说归你说，我可听可不听。我都是这个态度，我从小很懂事。

我跟老六两个读书比较好，属于家庭条件不好。本来我那年毕业高考，我算考得比较好的。我在我们罗江，班上13个同学，我算是考得比较好的，考了第一名，1979年。那个时候已经恢复高考制度两年了，（高考）没成功，差个几十分。我初中有个语文老师，后来是我们县上的县长，他非常有能力，他跟我们一个院子住嘛，一个院子邻居嘛，那个时候在宣传部当部长去了。他就问我考得怎么样，了解了情况他就说"你考得好哇"，他就问我父亲噻，他说你如果愿意再送他去读，我建议你们继续把他送去读，他算考得好，他学习比较专心。当时我的父亲就凭着我的志愿，就是我愿意的话，那个熊县长，就是跟我父亲打招呼的人，他说你，你要是自愿复习，你在巴山县县中学读也可以，然后坪坝有个中学，去复习也可以，我打个招呼就行了。当时我姊妹多噻，大家都在一起，经济上还是比较困难，但是我们那个老大让我去，大哥让我去的，他公开就是……支持的态度，我看了我就算了，我就没去读。如果我再去复习的话，我就能考上大学，因为我读书非常专心。我学了医过后，巴山不是有个新招聘，我也考上了的，考上了过后，找那么一个应该走的人，他跟我关系不好，他把我搞下去了。我们乡上几十个高中生去考，我考了个第一名，他就看我考得好就气，他就编一些故事，说我这里坏那里坏，就把我搞下来了，搞到组织部人事局噻，他那个部门的主管人。他也编得好差，组织部人是用的关系，因为有老汉有工作的人，有熟人噻，是把人家的控告材料给我们看了，我一看就晓得是那个人的笔迹。（这种事）多的是，多的是，来年如果说我考去了的话，至少也混在县政府了，说老实话我会出事，真的我说老实话（笑）。

我年轻的时候出门，我说话做事的姿态，都是一个文人的姿态。说老实话，认识我的人，他们都以为我在县政府工作。到我现在在本地方，故意地装腔调没什么用，我谈吐都用比较普通的东西说。像我出了门都不是我在屋里说话的那种姿态，就包含只要出了我巴山，我说话他们找不到我的深浅。

（问：大哥是哪年出去的？）1992年，之前也是啥都在做嘛，听说能够挣钱的，不管哪一种，都愿意去做，也吃得苦，都吃得苦。都去从事过锰矿。（问：你当包工让工人戴口罩他们听吗？）都听。但是他们后来都有（矽肺），就是防护的工具不行，达不到要求。在潼关山上，好多万人都在潼关山上，但是有那个意识的太少了。（本地的）是这么回事，后来发现尘肺这个东西过后，就有组织的，就比如说高燕的某一个企业，私人企业，出了事，时间干长了的，都给赔偿。像我们在外面流动的，今天到这家，明天到那家，后天又到那家，追不了责，像我们都这样。像我也比较狠，现在没喘，就上三楼都要休息，晚上睡觉的时候支气管就堵。前几天我都没说这个事情，只是现在没喘，实际上很厉害，近一年事情多得很。通过我自己的体验，这个东西就怕……今天在一起谈吐嘛，说不定明天死了。以前体验过这方面的问题，曾经有两三晚上睡到醒，睡醒了就不行了，就是气管堵住了，我估计是堵死了，气管憋死了，发出一种"呼呼呼"的声音，像哮喘的声音。我自己弄药调理了，现在稍好一点，但是感冒不得，就是感冒不得。

（问：大哥是最早发现的吗？）是最早发现的，也是在重庆检查出来的，大坪医院。也有感觉了，那个时候他已经就啥都不能做了，就是走动就喘。我曾经在北京拿药，那个时候我在山西灵丘，听说北京出了个啥子药，对他那个矽肺有好处，亲自去北京给他拿药。也不行，吃了效果也不行。

（问：根据你的观察，从开始接触粉尘到发病得有多少年？）时间比较长，我看看，我是1994年才开始去的，到现在是……24年，从有感觉以来，才两年时间。我接触得少，比同事一起在洞里面的，我当包工的时候一直在洞子里面都是戴口罩的，防护了的。一直都戴了的，（兄弟几个）都戴了的。整个（环境）我不允许打干眼，（别人的矿上）那就没办法（笑）。反正我的工人里面，都是这样的，必须打湿眼子，戴口罩。开始是布口罩，后来才有那一种真正的防尘口罩，那个无尘的，可以加件，你觉得加一张不够你就加两张。出的那个防尘纸，用防尘纸，后来好多年了才有这个东西。1994年……都大概在十年过后才有这个东西了。但是虽然我在学医，还是没听说过尘肺这个东西，但是我晓得这个东西进入了肺中肯定不好。但只是我的一个看法，一个观点，所以我当时就有那个要求。另外这个东西它毕竟是脏东西，吸入了肯定有害处。

（问：兄弟都出去工作，经济改善是不是挺明显？）稍有一点，锰矿也是几十块钱，或就是个二三十块钱吧（笑），有三十块就了不起了。搞锰矿的时候，最大的钱就是十块，只有十块钱最大。刚到金山上去，八九百块钱就是高工资，到后来就啥子，也是老板的要求变了，也是黄金的价格上涨了。工人方面，工人的要求，他一干就从开始干到中途，他工人的经验就不同了，就好几千了。我在那边总的（干了）11年了，都是包工，反正工人必须戴口罩是我的要求，工人的吃穿都要我买嘛，管理就是口罩必须戴，有外地的，湖北啊，山西，陕西的都有，来自四川的多。本地的要多一点。（问：兄弟几个都在一起？）基本上，他们给我管理。我说我运气好的话，就是抓住机遇，把机遇抓住了的话，有的能挣上亿的钱，在一个洞子里面能上亿。（问：金矿上出来的金子你们能看到吗？）能看到，上那个矿里面有自然金，那出来可以直接加工，能够达到百分之九十三到九十五，有（刨出来一块），最大的一块是属于河南，就是河南和山西挨（着）的地方，河南的顾县，一个坑坑里面，也是我包的，洞子里面当时是两百多个工人。我对金矿有研究，我看到过，在那对面，我兄弟的上面的金矿，我看一眼，我知道它的含量。其实我在金矿上遇到了很多奇迹，就是我说那个，我那个洞子里面，打出了一个自然金，最低是六七十斤黄金，一块。但是那里面的，就是零金哈，零的多得很，小金块多得很，就这么大，还有更小的。当时我就接管那个洞子的时候，叫那个五兄弟一块进洞子之后，我就把整个采场探了一遍了。探了我就跟我兄弟说，我说那个采场不是要出大面的金，工作的时候你们一定要注意，碗大的矿你们都要注意，里面有大面的金。结果后来，我上班的第二个晚上就打出来了，就打出来个洞子这么高，那么长。他们是六个人把那个矿抬上来，叫架子车，抬上去后，拿出来，我们老五就发现了，就认识到有黄金了。那个采场采出来大小都要看，这个一看，中间就是打出来一副金子，从里面长大的，当时我估计最低都是七十斤黄金。当时我叫，他给我管事嚓，毕竟时间很好啊，晚上三点半拿出来的，晚上，他们没想到办法拿走。我就说老实话，可惜了，那一块你说，六七十斤值多少钱。

还有一个最大的奇迹，灵宝市金矿打出来，第一个一百五十几斤，第二个三百多斤，自然金，那还了得，那是奇迹。在我身上都出现了奇迹，出现了三四回。（问：那没有因为这些奇迹得到好处？）我是没有那个运气。当时我那个洞子，就是刚才我说六七十斤那块，我到山西的潼关县，有个叫玉石峪金矿。我在玉石峪金矿干了过后，账没给我结，跟我的媳妇和娃住到潼关那里，住到那边。那时的工程完毕之后把账算了，账只结了一部分，没结（完）。这个后来我回来有四回了，那个生产安排就是我回到潼关，我在街上耍，就遇到玉石峪金矿的矿长。他老远就喊我，说天君你来。他跟我关系很好噻，都是像弟兄一样。他说你来我跟你说个事，有个工程叫你算了，他叫我那个月三十号到矿上去把账结了。我当时就非常感激噻，因为我们关系好噻，他叫我二十八号去结账。我就二十四号回来，我买了点东西去，那个时候买了两瓶五粮液，两条好猫烟，去了后那个时候他们都住县城里。他女的是教育局的，他就跟我打招呼，等二十八号上班时间（去）。结果我二十八号去，他就跟我说，天君对不起，我们的账钱不够，两个月他们矿上总共只卖了七十几万块钱的黄金，山上山下的工人，不说发工资，本来生活费都不够噻。他就叫我三十号去，我三十号去，他见到我就从办公室出来，老远就打招呼，跟我聊说天君噻，他说对不起，他老远跟我打招呼说对不起，他说账结不了，打三千块钱的条子，说拿给你媳妇和娃做生活费，说下个月一定给你结。结果我就把条子打了，把三千块钱拿回去，给我女的，给了就马上坐火车，就到顾县。结果就是头一个晚上，那个奇迹，就没得弄出来。说老实话，如果是我在万无一失，几十斤黄金，就是我们的喽。（老五）他没想到办法，我在就万无一失，最低七十斤，最低。

（问：除了那种明显的成块的，其他的矿弄上来怎么把金弄出来？）他是这样，那个加工程序，是进磨碎车间，把矿石打碎嘛，打成那么大个的块块，然后就是球磨机，那一个机器他是圆形的，有那个珠，有那么大的钢球，给矿石在里面切了个……搅动了以后，通过电机转动，把铁球翻动摩擦，磨成粉。磨成粉的同时下头有汞，汞它洗黄金噻，就把黄金洗到汞里面去了。车间里多少个小时洗一次汞,再用布把汞拍挤出来,挤出来第一道金叫汞金。然后去烧,用硼砂烧,烧第一遍,烧了过后反正叫啥子,叫海绵金。海绵金烧了过后再用硫酸烧,硫酸烧完就是纯金了,达到3个9(99.9%),就是这样的程序。这些是老板的事。(我们)负责打洞子,打航道,航道打出来后就采金矿。

(问:当时有工人偷金矿吗?)有,一般防不了他,工人他都是防着你了,都是小量的偷,或者说是身上揣两块,或者弄个袋子夹几十斤跑啊,老板也防不住,偷你也防不住。我们刚才说了,就说如果我在那头,黄金就是我的了,是我们三弟兄的了,还有老六都在,他两个弟兄都没想到办法,我狠批了他们一顿,我说你们两个是猪。机遇太少了,可以说是神话,真的说是神话。我身上都遇到了……在西安的金矿,那里到处都是零金。他那个金矿,矿量大,品量高,最高的可以达一斤,就是一斤的矿石里面就有一克黄金。洞子里面的生金矿,那里到处能看到零金。

(问:这个矿是国家才能开采吗?)有国家的,有私人的,大多数都是私人的,随便开。像我刚才说的生金矿,但是你钻到了生金矿,你这个私人要勾结,老板都花钱。比如说你是生金矿的领导,把你买通,你自己去(开),或者说你到我洞子里面偷偷地。像我们这些外面打工的,就和当官的买通了之后,直接到洞子里面去偷啊,偷金矿。偷得一东风一东风,当年东风车多啊,一车就是几十万。

(问:平时做包工你负责做什么?)全方位地管,就是你要过问,一般是交给我的兄弟去管理,去指挥那些事情。我是负责老板那边,比如说要钱呐,还有就是,工人需要啥子,生活方面啊,身体方面啊,生产方面啊,你需要哪样你就买哪样。(问:你兄弟没有下矿去做?)也做,管理什么的,你管理的跟到洞子里做活,你受灰尘的影响,差别确实不大,都在下面。像那个洞子里工作量大的话,我刚才说的那一个,出黄金的洞子里面,几十个采场,这里不放炮那里放炮,它里面灰尘大得很。(问:有没有出过什么事故?)我身上没有出过,我管理得比较好,没出过。(问:工人的流动性是不是很大?)流动性大,如果说你这个挣钱,工人做得少,如果他这边不好挣钱的话就麻烦。(问:你在那里做了十年,这期间你家庭经济提升得比较快吗?)一般一般,都很平常。因为我在那边挣了点钱,同样地又把那个钱投在矿山里面,由当地的老板合伙去开,投进去钱,打出来的矿贫,含金量低嘛,打出来的金就只有三十克,没得价值,不成功,就在那边亏了。像我修房子的钱都不是那边挣的,都是后来挣的。

我是2002年回来的,那个时候(我大哥)就不行了。他回来得早,他发病得早,我感觉是哪年……反正在家里病了就六七年了,他两个娃儿在广东那边挣的钱,基本上都给他治病用了。两个妹儿,在广东的算是电商啊,她们的收入还比较可以,她们搞管理,一个月可以挣七八千块钱。她们读的都是初中,比较幸运。我说你们搞管理算是不错了,一个月都能七八千,收入算不错,但都花在她们爸爸身上哩。(问:安家都安在那边了?)老大她那个娃儿是四川泸州的,老二的那个娃儿是重庆的,都在广东那边打工认识的。老大还是在那边上班,买了房子,她们厂里福利比较好,也有公积金啊,她买房子都有优惠。(问:哥哥病的时候你们兄弟几个是不是都知道是因为在矿上工作?)知道,那个时候我都已经没做了,因为我想那个东西对人是不好的,你老生活在里面,我跟我几个兄弟也说了。我兄弟老五和老六,我就说去厂子里面,就算那个收入低一点,你至少保证了身体好。他们不信,也就是个问题,家里面穷,想多……拿的收入高一点,哪怕自己苦一点,吃了亏。老二都是跟我们……都是差不多回来,一路回来的。回来的也是在江西那边,他女婿的姐姐在那边承包了……自己发展了好多将近两千亩果园,他在那边看仓库。他也是二期。等于就是帮他们看仓库,看看门。(问:你们发病都是在尘肺病普遍被大家知道之前嘛?)老大是知道以前就发了病,老二是前年才发的病,我们(2014 年)筛查出来的,我们后头都是在疾控中心筛查出来的。(问:那个时候是不是老大已经去世了?)还没有,老大是哪一年去世的啊……大概是,估计是 2006、2005 年,或者大概是 2008、2009 年,大概就是 2010 年,最迟是 2010 年,57 岁(2010 年)。(问:大哥去世的时候自己有没有去查一查?)查也不行,反正就是你知道是这个病了,那个规律包括国际上都没有一个成功的医治方法,就是顺其自然,哪天死就哪天死。(问:有没有找过你的老师?)那个东西要引起注意,我是去年才开始注意,我去年开始发现已经有了症状出现了。在前年的夏天,我自己弄了一些药吃,全部是中药,重点以化痰为主,化痰散结为主。通过那个化痰把那个消除,中药还是神奇。(问:老师没有给你看一下?)讨论过的,我们讨论过的。

(问:你自己给自己开了哪些药呀?)很多东西,比如说就是昨天那个,说了一个百合……(被外人打断)(问:您 2002 年回来之后做什么?)开农家乐,(收入)还可以。(问:您妻子当时也在潼关那边跟你在一起?帮你们做饭?)对,她没在山上,她在街上住,(孩子)挺小的,我小的都是在那边生的,大的在那边上的幼儿班。(问:妹妹是哪年嫁人的?)她是九几年啊,1995 年,1996 年出的嫁。(问:之前一直在家里?)她也是在家,(种地)。我回来就修的房子(两层)。(问:用矿上挣的钱?)不是,矿上没有钱,那个时候是去借,借的贷款,后来慢慢才还的,最高的时候还银行的账,加上亲戚朋友的都有三四十万,这个房子花了个将近六十来万吧,关键买这些……因为我们这地方的工价高,现在那些工人、技工,随便住一天，都是五六百，就是小工最低都是一百五到两百。我们这个地方工价高，在全国来算都是高的。（问：妹妹是嫁到哪里？）嫁去县城了，（往来）多。（问：当时怎么有这么大决心去投资这个农家乐？）我的一个特点是，对啥东西都有点远见。当年来到九重山嘛，当年就定位的是国家级森林公园，我就知这个地方将来是很有前途的。当时我就准备拿着贷款，把我兄弟修房的这块地一直到桥那边，全买下来，但是我媳妇不干（笑）。这个是买的。（问：这个一亩多少钱？）没多钱，我买这个地相当便宜，当时只给了三百多块钱，整个（宅基地）。因为关系也好，他只要了三百块，当时那个地方不是地，是一个石皮皮，下面都是石头。那个时候找了一个懂阴阳地理的，他给我教的，不能放炮，凭人工开的。不能说是很有前瞻性，就是能考虑得到。这个是我一个人，兄弟也在矿山上，回来了又去了，老二就没去（开矿）了，山上是机器嘛，老二是在看机件，动力机嘛，柴油机。我修这个第一层的时候，整个街上都没有房子，我是第一家。（问：生意最好是哪几年？）刚开始。（问：那时候旅游的人不多吧？）那个是政府公款吃喝，镇长那些，镇长书记跟我们关系好，你账就弄好，账给我记，该怎么算怎么算。（问：住宿有人住？）一般是重庆过来的，玩一些啊，成都来的，重庆的最多，热的时候，像节假日啊，国庆啊，长假，那时候都有。（问：除了做农家乐还有其他的吗？）开药房。

（问：你从医生的角度看，锰矿造成的矽肺和金矿造成的有差别吗？）从锰矿上来讲，锰矿上的粉尘稍微要比金矿上的要轻一点，锰矿的水分比较重，比如说是氧化矿，氧化矿就不存在灰尘，它的水分多。他们那个原生矿，那产生灰尘，跟金矿差不多。（问：粉尘的成分上有差别吗？）成分都是含金属元素，但是它那个应该是……差别应该有，关键是金矿里面还有那个硫和铅，它也包含金属，都能够变成粉尘。比如说对面那个吴上勇，他做片的时候，发现有闪光的金点，他那个就比较厉害。他们打手工的，金矿比较好，就在生产操作的过程中金子也是吸了进去，变成了粉末。像我们这个病比较多，改革开放啊，那个时候大家都穷，听说哪里挣钱，都往那里去，哪里都去，因为那个时候，开出去的都是千多块钱，那都是高工资了，八九百的……我那个时候工资才七十块（钱）一个月。

（问：你那个师父他跟你讨论你的病，怎么说？）他就说的有癌变的现象（笑）。（问：他认为尘肺跟癌症很有关系？）嗯……嗯，（问：有给你开药方吗？）但是我吃了一段时间，我好了，就停了，等凉快了才吃。（问：你给自己开的药还有什么？）百合、平地木、柏木，还有拉拉秧，还有木贼，这也是我自己总结的。我总结了几十年了，基本上是熟悉的……（有人来买药）我也回忆不起了哟，贝母、平木……大概就是这几样……睡时喝，自己总结的，主要以化痰散结为主。那个木贼有平喘的作用，同时对癌症都有抑制作用。拉拉秧，都是止咳化痰的。（问：这些药本地都能有？）都有，都有。并且止血，止咳。（问：本地来找你看尘肺的有多少？）平时没找我看过，感冒了我整点感冒药，就了了。这个东西，他们都认为一般的人都医不了。

（问：兄弟几个有没有说拿到补贴，赔偿的？）老五拿了些，他是属于修房子用的。（问：没有治病的补助？）尘肺……第一年搞了个筛查，政府搞了个一期给一千，二期是三千，三期是五千，老五是二期，给了三千，我是一千块，老二也是三千，是二期，老大不在了，老六拿了一千，他是一期，他也比较狠。（问：那像这个药方有让你的兄弟一起喝吗？）他们有时候喝。我上三楼喘得比较厉害，后来我喝了一段时间就松多了，开始就有效。我没认真吃，就好了以后就不吃了。我今年去查了的，在重庆歌乐山胸科医院，他说的比原来要坏一点（苦笑），有发展，有小结结。他那个医院他没得权力诊断，不是职业病，还是应当去到职业病医院去。他那个也有矽肺，但是他没得求证的，我应该到重庆市第六医院，去诊断一下，我觉得是二期。（问：但我们了解尘肺是没有转肺癌的。）哦，没有哦。我不懂，我不懂片子，片子都在，我就是不懂。血也验了的，他说其他没啥。胸科院就是，有可能是矽肺进一步恶化的。我从前年开始出现症状的，前年，我关键是没有认真地吃药（笑），等到凉快了就弄点药来吃。（问：那次去查尘肺病，四个兄弟都得这个，心里这个会不会不好受？）没有，没有，都不存在这个问题，为啥子？那个东西，一个你看这个人现在还是好好的，再一个就是说，通过人们的了解，那个病，你得了，就得了，你治也没得。（问：兄弟四个里面谁的情况最糟糕一些？）最糟糕是，他们三个都比我稍微狠一点。

（问：有建卡吗？）老五有建卡，他那个房子修的时候给了大概两三万吧，他那个房子修得好，都是我俩设计的。本来是不允许修那么高的，政府那些官的人员，我们平时关系处得好，我就加高，全是框架结构，结实，水泥结实，再修几楼都没事。我这离景区门口五六十米远吧，没有超出八十米。（问：盖房子借钱贷款什么时候还清的？）去年，前年。我评三星的农家乐，政府又补了十万，最高的是五星级，五星级是补八十万。它的标准是，超过一千平方的建筑，要有停车场，还有就是接待客人能够接待四十个以上，就是住宿能住四十个人。（问：这个乡村旅游扶贫置办户是什么时候？）是2007年的时候，这个具体背景我不清楚，反正是城里面拿的。（党的十八大之前）那时候挺好，去年到现在为止都没做，没有啥生意嘛。游客多，他到里面耍，搞野炊，搞自助餐。目前来讲来耍的都是县城里面的，吃饭的里面有嘛。我媳妇在重庆那边打工的，给人家做饭,给外面一个企业,公司的几个领导做饭,(收入)也不高,也是有三四千块钱。但是包吃住,每天三顿饭,每顿饭都是个把小时就搞定了,其余时间就是耍,比在我这接待客人轻松得多。她做的口味,那边的人非常满意,把她叫到那个伊犁去,到伊犁去,给九千块钱一个月。她怕高原反应,就没去,就觉得要出去的话就去重庆。

图29　廖廷居家里开的农家乐

（问：现在这个农家乐还打算继续开下去?）等着来开发,我们的希望就是等着来开发,只要来开发了我们就有希望。咱这也没有技术。(问：来买药的人多吗?) 不是很多,因为下面医院只有五公里。最突出的这个现状,现在的人相信的是打针输液,都相信这个是最高级的。后来我观察那个药啊,不可靠。因为国家都公布哪个厂,哪个厂,哪个药,哪个药,哪个出了医疗事故,医疗事故哪个来承担呢?像我们家要是出了医疗事故,那整个啥子。（问：像你们那个药一般用多大剂量?) 一般来说有个二三十克吧。我们用药和书上的理论不一样，就像正规中医院校出的老师，他们开处方都是循规蹈矩，书上说九克他就开九克。我们不一样，现在的药跟过去的药啊，它有根本的不同，它的成熟得快，我们分析的哈。比如说它里面含个啥子，和野生的，和家种的，含量是不一样的，所以我们用的量比较大，这么大一包。但是正规中医院校的那就是一把把。但我们开的中药就到百分之九十七八，有效果，不说百分之百，但是我说有百分之九十八。

结语:
尘肺之痛是整个中国之痛

这是一群真正需要被寻访、被聆听的人——罹患尘肺病的农民工。他们的病痛和困境不为或少为社会所知，他们的无助、无奈、无望，为了生存挣扎在媒体和大众的视线之外。寻找和了解他们，是社会学研究者的职责，更是公民的义务与责任。

大量农民工罹患尘肺病问题浮上水面是在2009年深圳发生"尘肺门"事件之后。当时100多名在深圳打工患上尘肺病的湖南耒阳籍风钻工人集体维权，通过上访、静坐等方式向有关部门提出了诊断、救治和赔偿的要求。其后不久，在深圳从事同样工作的湖南张家界籍农民工也行动起来，他们表示，由于在深圳长期从事风钻爆破工作，吸入了大量粉尘，医院检查的结果是怀疑患上尘肺病，因此他们要求接受当地职业病防治院的检查确诊，以便向企业寻求赔偿。河南省新密市农民工张海超为证明自己因所从事职业而患尘肺病的"开胸验肺"之举也是在这一年，他因职业病诊断获得120万元的赔偿，也因此成为"偶然和幸运"的人。❶

近十年来，社会公众以公益慈善组织的方式参与救助行动。其中比较专业且救助面最广的就是2011年由王克勤先生联合中华社会

---

❶ 参见腾讯新闻，https://gy.qq.com/original/guyu_lab/lab112.html。

救助基金会发起的民间公益项目"大爱清尘"。截至 2017 年 12 月 31 日，累计救治 2471 人，累计助学 5828 人次，发放制氧机 2718 台，发放救困物资 65333 件。❶"大爱清尘"的努力救助厥功至伟、意义非凡，但比起尘肺病发生的规模和严重程度，仍是杯水车薪。

2018 年 8 月 21 日到 28 日，我们在"大爱清尘"志愿者的帮助下，在重庆市巴山县政府的大力支持下，在尘肺病发生的重灾区巴山县进行了比较深入的观察、访谈，入户走访了不同镇、村的 12 个家庭；着重对这些患病农民工的打工经历、患病过程、诊断和治疗情况、家庭经济状态特别是当下的困境和需求进行了解和记录。我们希望他们的讲述能够让社会和政府关注他们的处境，了解造成其病痛的内在原因，并且伸以援手形成全社会共同救助的态势；特别是从中吸取经验教训，防患于未然，从源头上杜绝尘肺病的发生，避免更多的家庭与社会悲剧。

一、难以走出的循环

在和这些尘肺病农民工的交谈中，不难发现他们大都处于某种奋力挣扎的状态，他们陷入"贫病""救助"和"维权"的困局中难以自拔。具体而言：他们因贫困而打工致病，却又因病而再度陷入贫穷；工伤赔偿本应是对他们最大的救助来源，却因无法确认劳动关系，而使这一希望破灭；合情合理的依法维权，成为他们捍卫生命底线的最后表达方式，但又在"维稳"过程中，再次化为泡影。

这一共同的处境，显然不能全部归咎于农民工个体，更不是访谈中许多患者自己常说的"命撇"（当地方言，指运气不好）。群体性现象必有社会性缘由，他们因生存压力而外出打工，大多从事的

---

❶ 根据"大爱清尘"2017 年的审计报告的数据。

是最累、最脏、最危险的工作，付出的是健康甚至生命的代价。

我们的访谈工作希望能够呈现尘肺病农民工兄弟的处境，呈现他们的苦痛与诉求。希望读者能够通过这些亲历者的讲述，不仅听到来自底层的诉求与呼唤，看到他们的无奈和绝望，同时看到循环背后的结构性与制度性问题，共同寻找解决之道。

1. 贫病循环：可表述为因贫去打工，罹患尘肺病；因病陷贫困，生存处绝境。这些患病农民当下正面临这样难以逃脱的困境。

本书中12位农民工兄弟的经历虽然各有不同，但其生命轨迹却有着共同的特点：因为生活贫困去矿上或工地上打工，由此身患尘肺病，因丧失劳动能力和高昂的治疗费用而再次陷入贫困。"贫困"成为每个故事的开端和结局并非出于巧合。

从当地具体的地理条件、生计活动、经济社会基础来看，该地区多年来一直是国家级贫困县，且处于连片贫困山区。农民工打工前家庭经济状况就普遍低下。许多受访者回忆，早在农业集体化时期该地就相当贫困，饥饿是常见状态。"吃食堂的时候，还要搭点儿折耳根、野粮。"土地下放（实行联产承包责任制）后，虽然农民的生产积极性提高了，但当地山高谷深的自然环境决定了每户只能分到四五亩的零散山地，"苞谷"和"洋芋"是大部分农户仅有的收入来源。因此，"家里穷"和"刚够吃饱"是当时的普遍现象；从家户层面来看，本书中的案例都明显地体现出贫困的代际传递：受访者们原先的家庭经济状况就不容乐观，几乎都无力支撑子女读完初中。有一位受访者，更是从小就跟着自己的父母进矿打工。他们的后代，也同样走上了"打工"的道路，并且有一些也如父辈一样"进了洞子"。

农民因经济条件困顿而外出打工与特定的家庭生命周期有关。家庭生命周期是指一个家庭从诞生、扩展到解体的过程，通常以结婚、生育、子女成人、分家、老人亡故等重要的生命历程事件作为时段划分标志。不同阶段,家庭成员的数量和家庭功能有所不同,从而影响了家庭成员的行为选择。在本书中我们可以看到,12位农民中有7位是在儿女出生后选择外出打工的。家庭人口增加、养育未成年子女和教育费用支出,让本就在贫困线上挣扎的家庭雪上加霜。因此,主要劳动力外出打工挣钱,妻子、老人留家照料田地和儿女,就成为仅有的选择。不难看到,挣钱、摆脱贫困、改善生存状态,成为最强大的打工驱动力。

在农民工兄弟的讲述中,打工生活无疑是艰辛的。我们每每听到他们对打工岁月最"鲜活"、亦因此最让人动容的表述:住的是"花胶纸(编织带)搭起的棚棚……冬天也冷,夏天也热";吃的"就看工头了,工头好点的,几天给你吃上一顿肉。不好的就是半拉月,或者一个月不给你吃肉";在外打工的通常一年只能回家两三趟,更有人长期没有时间归家。比这更糟糕的是他们在矿洞内的工作环境:每日承担着极高的风险,几乎所有人都遭遇过矿难,也都有因矿难去世或受伤的亲友。"都是多么能干的人啊!"是一位受访者在回忆矿难中故去工友时的感慨。但作为活下来的人,他们也没能逃脱苦难,承受着尘肺病的折磨,而这是在矿内工作时就埋下的祸根。爆破和打钻产生的粉尘,加上通风除尘设备的缺乏和防护措施的缺失,使许多人在工作时就已感到肺部不适。但他们唯一的措施就是"衣服一扬",然后"鼻子嘴巴里都是灰"地出来。支持他们忍受如此生活环境和工作条件的是他们摆脱贫困的愿望。我们需要认识到"打工"对于这些家庭的重要性和紧迫性,在本书的案例中,打工都曾为家庭带来短暂的收入的增加、小康的期盼,有少数打工者甚至一度小有积蓄。在访谈时,我们注意到农民工们对矿山打工的收入大体是比较满意的,"比种地赚得多"是他们的共同认识。每月大部分的收入支持家用,"自己可留可不留"。他们在勤劳与节俭并行的日子里看到了摆脱贫困的希望。

然而这短暂的希望很快因尘肺病的发生而破灭,农民工的身份、地位决定了他们成为劳动市场中纯粹的"劳动力",他们的生活和工作条件无人在意,安全与健康被忽略,劳动合同未能签订,似乎用工资就能换取他们的基本权益与尊严;而他们自己也从未在意过自己的地位和处境。

由于当时社会条件有限,农民工的社会身份与地位,健康与生命未被足够重视,一旦罹患尘肺病,诊断、救治、赔偿都无从寻起。一个农村家庭难以承受尘肺病的诊断、治疗、养护费用,又因种种限制无法获得工伤赔付和基本救助,因病致贫甚至陷入生存绝境就成为他们难以逃脱的"命运"。

根据相关的调查研究,我国尘肺病患者年均医疗费用为 1.905 万元,其他间接费用为 4.579 万元。❶ 这对于一个农民家庭而言是难以承受之重,更何况患者本来是每个家庭的经济支柱。我们的田野调查也显示,"抓药""门诊"和"住院"的费用给大部分受访家庭造成沉重的经济负担,这些负担完全由患者家庭自掏腰包是不可能承受的重负。12 位受访者中,只有一位成功地通过诉讼途径获得企业的工伤赔偿和生活补贴,成为当地绝无仅有的"幸运者"。与此同时,作为兜底措施的社会保障也没能覆盖到这些尘肺病农民工。大部分受访者对"新农合"等政策一无所知,治病完全自费。即使是享受精准扶贫政策的建档立卡户,医药费所能报销的比例也不高,且手续繁琐,耗时较长,大笔的垫付费用让他们望而却步。于是,"自救"成了他们和家人唯一的出路。他们"自救"的方式通常有两类:

一方面,他们无奈选择脱离公共医疗系统,在民间寻找治疗方

---

❶ 毛翎,彭莉君,王焕强. 尘肺病治疗中国专家共识:2018 年版 [J]. 环境与职业医学,2018,35(08):677-689.

法，服用各类偏方和"特效药"。虽然不能否认民间与乡土知识可能蕴含着某种智慧，但脱离公共医疗系统意味着放弃专业且已比较成熟的治疗体系，承担更高的风险和由此产生的更大经济负担；

另一方面，他们的家庭经济分工模式也发生了改变，妻子和儿女不得不担负起家庭经济重任。"我女的（妻子）太苦了"；"我后来吐血，她们（女儿）哪怕就是朋友那里借啊，都是多多少少给我寄了点"等话语，所透露的不仅是对家人的感恩，更是他们在拖累整个家庭后的沉重心情。高昂的费用由此成为全家的负担，在耗尽打工所得的有限积蓄后，继续耗尽妻子与子女的劳动所得。最后，大部分受访者都举家借债度日，因病而致更加贫困。

2. 救助困境：劳动关系的确认是尘肺病农民工得到救助赔偿的困境。

尘肺病属于工伤（职业病），但农民工患病却很难获得工伤待遇。在"大爱清尘"2014年的统计数据里，只有17.3%的尘肺病农民工申请过赔偿并最终获得了赔偿。申请赔偿的过程漫长而艰巨，平均需要16.9个月，花费6529元。❶ 在我们所访谈的12位农民工兄弟中，也仅有1位成功获得补偿。这位患者首先是幸运地与企业签订了劳动合同，并多年在同一企业工作直至患病，而且获得了诊断；他为了能获补偿，自己研读了大量相关的法律法规文件，准备了充分的各类证明材料，并直接和厂方对簿公堂；前后耗时将近一年。最终，该受访者成为十余位共同申诉的人中唯一获得赔偿的尘肺病农民工（见前述王胜兴个案）。其艰难程度由此可见。

造成救助赔偿难的原因是相关法律法规和政府政策没有能够贴近这一群体的现实。这一结果折射出的仍然是农民工群体所处的社

---

❶ 根据"大爱清尘"《中国尘肺农民工生存状况调查报告（2014）》的数据。

会结构位置。

现有法律规定,获得工伤待遇的前提是须经法定程序确认为工伤,而认定为工伤的前提是须先在国家授权的职业病诊断机构进行职业病诊断,拿到患职业病的诊断报告。如果劳动者和用人单位对诊断结果有异议,还需要在卫生行政部门进行职业病鉴定,拿到被鉴定为职业病的鉴定报告。也就是说,尘肺病农民工要获得工伤职业病待遇,须先拿到职业病诊断或鉴定报告;而相关法律规定,做职业病诊断的前提条件是当事人必须提供劳动关系证明(劳动合同等)、个人职业史、职业病危害接触史(此处为粉尘接触史)、职业健康监护档案复印件、工作场所历年职业病危害因素监测及评价资料等,而且在2012年《职业病防治法》修订版实施之前,还必须由用工企业提出工伤诊断申请。因此,给予尘肺病农民工的赔偿是以提交劳动关系证明或者经仲裁确认劳动关系为前提条件的。

显而易见,在现实中,这一条件对许多农民工而言却是无法走出的迷宫。首先,早期外出务工的农民大多没有与相关企业签订劳动合同。正如我们在2009年所指出的,目前患病的尘肺病工人很多是20世纪90年代已经开始在建筑业、矿产业工作的农民工,受限于当时的法治环境,包括企业和农民工自身的法律意识、地方政府的有效监管等,绝大多数工人都没有签订劳动合同。据2016年"大爱清尘"的调查,仅有9.5%的尘肺病农民工签订过劳动合同。❶ 本次访谈所涉及的12位受访者,也基本都未曾签订过劳动合同。"那个时间不兴签合同。""那签什么合同呢?哪个也没想到这么一出啊?"受访者们的回答恰恰说明,没有签订劳动合同并非仅仅是农民工自身的责任。有些企业法律意识的淡薄、有些地方政府的监管不

---

❶ 根据"大爱清尘"《中国尘肺农民工生存状况调查报告(2016)》的数据。

力与执法不严都是造成如今劳动关系难以确认的原因。

其次,尘肺发病是一个积累过程,病程较长,许多农民工在十多年中多次变换企业,有些企业也在此过程中消失不见,难以确定是在什么时间、哪个企业中患病的。这在我们的访谈资料中也得到了印证:"洞里的活儿"不是常有的,所以受访的农民工们都更换过打工地点乃至职业。大家都无法确切地说明特别是证明自己是在哪个企业患病的,多数人仅仅靠着猜测,"想来应该是在××矿得的病",但当年"跟的老板"也已经无影无踪。这也是只有25.72%的尘肺病农民工申请过赔偿的原因。❶ 因此,要求患病农民工确认劳动关系方能获得赔偿几乎是不可能完成的任务。

最后,劳动关系的确认,本身也是一个艰难漫长的过程,需要经过调查、核实、仲裁甚至诉讼等程序,而许多患病工人走不完这些程序就已病重离世。因此,原本应该通过法律渠道解决的问题,因劳动关系证明而变得异常复杂且难以在法律框架内解决,从而演变成一起又一起人间悲剧。

多年来,给予尘肺病农民工的赔偿仍然以提交劳动关系证明或者经仲裁确认劳动关系为前提条件,而这一条件对许多农民工而言是走不通的路径。不难看出,确认劳动关系仍然是尘肺病工人无法避免要陷入的僵局。未签订劳动合同是一个既定的事实,而且已经造成了不良结果;而这一事实和结果并非由于农民工的过失所致,毋宁说是缘于当时社会结构变迁过程中的制度疏漏,因而完全由患病农民工承担后果是不公正的,他们也无力承担这样的后果。因未签订劳动合同而无法确认劳动关系,因而无法进行职业病诊断,更遑论救治和赔偿。在患病农民工主张、维护自己的权利时,又被要

---

❶ 根据"大爱清尘"《中国尘肺农民工生存状况调查报告(2014)》的数据。

求从他们无法寻回的开端处提供劳动关系证明。救助尘肺病农民工，必须有相应的体制力量介入，根本出路在于推动国家政策性救助和制度性遏制尘肺病的发生。

3. 维权困境：处理好维权与维稳的关系，以保障生存权实现长治久安。

在救助政策尚不完善的情况下，部分尘肺病农民工走上了集体维权的道路，但这样的集体维权方式本身成为造成社会不稳定因素的一个重要原因，于是就形成了一个恶性循环：越是要强调社会稳定、强化维稳工作，某些基层政府就越是不能容忍民众的利益表达；一些民众越是缺乏有效的利益表达渠道，社会中的某些利益格局就越是倾斜，尤其是一些底层群体受到的损害也就越大；某些利益格局越是倾斜，利益矛盾和冲突也就越尖锐，不满情绪也就越强烈；由于正当的利益要求受到压制，一些群体或个人就只能采用体制外的方式，有时甚至是极端的方式来表达和发泄不满，于是导致社会矛盾越加激烈；而社会矛盾越是激烈，某些基层政府就越是要强化维稳工作，从而形成一种社会不稳定的恶性循环。❶

以本次调查中的 GY 镇为例，当地的锰矿企业给周边带来很大的环境污染，也让许多进矿务工的本地村民罹患尘肺病。由于企业并未承担造成污染的责任，也未对早期进矿未签订合同的农民工进行赔偿，由此引发了村民们极大的不满，并将矛头同时指向有关部门的消极态度和简单追求社会稳定的维稳策略。

尘肺病农民工的维权过程可以清楚地显示，工友们要达到的目标就是生存。重病在身，首先需要得到诊断、治疗，使生命得以延续。活下去，这是最基本也是最底线的诉求，是作为人的首要权利。

---

❶ 清华大学社会学系社会发展研究课题组. 利益表达制度化，实现长治久安——维稳新思路 [J]. 理论参考，2011 (03)：56–59.

尘肺病农民工所求不多，只是要求救治、补偿以生存下去，让后代能够成长起来。有位受访者就曾坦言，"我身体再不行，还是希望孩子念书好嘛，考上个好大学嘛！"本是最基本的生存权，对于一些尘肺病农民工却成为奢望。因为他们无力面对有关部门的相互推诿，更无从应对现有的维稳方式。目前，全国有超过600万的尘肺病农民工，他们身后是数以千万计的家庭成员，不难想象，他们的痛苦和绝望会给整个社会带来什么样的影响。

尘肺病农民工合法的、理性的诉求和表达显示出他们对于党和政府的信赖和依靠；对于执政党和政府而言，救民于水火，是最好的维稳，也是最大的政治。我们认为，崛起的大国，为人民服务的执政党，负责任的政府，应该而且能够承担起救助尘肺病农民工的重任，为尘肺农民工出台更多的救助措施。

二、个人命运与宏观社会历史过程

1. 个体苦难就是社会的苦难

尘肺病农民工的个人遭遇和困境折射出社会的一些不足：因城乡二元结构而身处底层的大量尘肺病农民工群体无从充分分享改革开放带来的经济成果，有些连基本的生存权利都无法保障。在外出务工工作环境极其恶劣时，在多数尘肺病农民工无法通过劳动合同等法律途径维护权益时，他们是孤立无援的，少有社会力量向他们伸出援手。本书中12位受访者及其家庭的遭遇只是一个小小的缩影，但从中却足以窥见农民工群体为经济发展付出的代价，其四面碰壁后的发展观念与结构状态让人深思。但这样的个体有超过600万之多。

在思考农民工的悲剧命运时我们需要重温社会学家米尔斯的

"社会学的想象力"。米尔斯指出,造成个人烦恼的结构性变迁是个人无法控制的,人们无法了解这个时代对他们自身的生活有什么意义。人们需要的,乃是一种能够帮助他们运用资讯和发展理智的能力,以使他们清晰扼要地了解这个世界到底是怎么一回事,他们自己又将变成怎样的人。我们提倡的这种能力是一种心智品质,具备这种心智品质就能够在宏观理论的不同层次,以及微观经验材料之间进行有条不紊的穿梭,即在具体情境下的个人烦恼(the personal troubles of milieu)与社会结构中的公共议题(the public issues of social structure)之间建立联系,这就是"社会学的想象力"。人们很少意识到,个人生活的模式和世界历史的轨迹之间有一种微妙的接合,造成烦恼的结构变迁是他们无法控制的。社会学要承担洞察这一关系的任务,这也是社会学的政治和学术使命。❶ 具体到尘肺病问题上,关键就不仅仅是早期改革的粗放型发展,不仅仅是人们缺少职业病知识和防护意识,更不是农民工们只急着挣钱而不知爱护身体健康,而是在早期的结构与制度层面,企业与某些基层政府都未承担相应的责任,没有设立风险防御机制与屏障,给予农民工最基本的生命安全保障。

2. 发展的收益与代价

透过尘肺病农民工的困境,不难看到他们在外出打工获得微薄收入的同时也承担了经济增长的代价。一些地方经济腾飞、城市扩张,改革和发展的成就往往占据了社会所有的视线,而尘肺病农民工因此遭受的无法明确追责的苦难,似乎成为发展的必要的牺牲,在强调经济增长和发展重要性的时候,发展成为"硬道理"。但需要

---

❶ 米尔斯. 社会学的想象[M]. 张君玫,刘钤佑,译. 台湾巨流图书公司,1995.

整个社会重新思考的是：究竟什么是发展？发展的本义为何？发展是谁的硬道理？以破坏资源环境为前提的开发是发展吗？以牺牲人的幸福、健康甚至生存为代价的高污染、高耗能的经济增长是发展吗？在以人为本的思路下，经济的增长、GDP 的增加永远不能"硬"过人的生存、发展和自由。尘肺农民工在发展过程中遭受的苦难不能被一句"经济发展的代价"简单地概括。

重庆市巴山县尘肺病农民的病痛只是我国当下尘肺病农民工状况的冰山一角。据民间组织"大爱清尘"《中国尘肺病农民工生存状况调查报告》（2015）所言，尘肺病已经成为 21 世纪较严峻的问题。从全国来看，所有职业病中尘肺病占 90% 以上，在尘肺病中农民工占 95%；尘肺病无法根治，且死亡率高达 22.04%。患病者以青壮年居多，因此在集中发生尘肺病的地方，寡妇村、尘肺孤儿、失子老人大量出现，这些现象，希望引起相关部门的重视，处理好不同时期发展过程中收益和代价的关系。

3. 何为城市化？谁的城市化？

城市化是国家进入现代化的必然过程。在中国快速城镇化的进程中，人们一方面惊异于城市面积和人口的急剧扩张，另一方面又感叹着乡村精英的流失和乡村社会的凋敝，悲哀着乡愁无所寄托，并时常将其归因为城乡之间的人口流动。农村的留守儿童、留守老人、留守妇女问题越来越凸显，而且似乎的确是伴随着城市化进程而出现的。

相较于其他国家的城市化过程，中国所面临的现实是农村趋于凋敝，而农民却并未"终结"。农民问题在中国社会转型过程中是最沉重也是最严峻的问题，对此我们可以从两个方面加以表述，其一是城市化的制约：长久以来制度安排形成的结构性屏障限制了城市化的正常进程；其二就是农民工困境：与城市化问题相伴，改革开放四十多年来形成的农民工问题并没有从根本上得到解决。相关统计数字显示，全国农民工总量已达2.7395亿人，其中新生代农民工已成为这支流动大军的主体。相比于他们的父母一辈，新生代农民工更多认同城市的身份与生活方式，但同时，他们又被城市拒之于外，无法获得平等的发展机会乃至生存权益。倘如一再忽视这近3亿农民工的权利问题，只怕会造成愈发严重的结构失衡。

这些农民工兄弟们讲述的故事，让我们反思：什么是真正意义上的城市化？到底是谁的城市化？城市化的本质是什么？政府主导的城乡一体化格局应如何实现？显而易见，只要人手不要人口，只要劳力不要农民的城市化不是真正的城市化和现代化。

三、我们与他们同呼吸，共命运

尘肺之痛是整个社会之痛！

之所以发出如此的慨叹，是基于全体社会成员休戚与共的社会联系的事实，同时也希望引起更多的思考和行动。我们期待读者在阅读本书时避免两种情绪，而忘记了我们与他们同在一片蓝天下，呼吸与共，命运与共！一忌冷漠，抱持看客立场，感受不到他人的苦难；二忌高高在上的悲情，只将这些农民工兄弟看作值得同情的对象，以为自己的眼泪就能拯救他们于水火。这两种心态的共同问题在于，在"我们"与"他们"间画上了一条界线，意识不到我们与他们都是同一社会中的成员，帮助他们就是帮助我们自己，救助他们就是为我们共同的社会行公益。

关注和帮助他们就是拯救你我共居的社会。我们与他们共居于一座叫作"社会"的大厦，倘若大厦崩塌，没有哪一层楼可以保持完好。良性的社会生态如同自然生态一样，需要保持生物多样性才能实现可持续的发展。生物的多样性与自然生态的重要性众所周知：只有不同种类的生命多元共存，地球生态才得以平衡与延续；任何一个物种群体出现问题，都会带来整个生态系统的紊乱。与此类似，文化与群体多样性对社会生态亦至关重要。只有形成各阶层、各群体共生共荣的局面，一个社会系统的健康、有序和发展才有可能持续。

本书12个家庭的故事向我们展示出一种令人担忧的社会生态。这些底层群体连最基本的生存权都无法得到保障。而像他们一样处于生存困境的尘肺病患者有超过600万之巨，一个社会的"底层"群体如此之庞大，同时他们以个体羸弱之躯承受着发展的代价，社会为他们所做的帮助还应加大力度，应出台更多具体的帮扶措施。

其实，他们与我们本是同一共同体的成员，他们就是我们。美国政治哲学家罗尔斯在《正义论》中提出"无知之幕"的概念，学者刘瑜曾将其简化为"只有当你不知道自己可能是谁时，你才能想清楚什么是正义"。诚如斯言，尘肺病农民工的故事不是异域民族志，他们亦不是遥远的他者而是我们身边的兄弟姐妹。他们的故事让我们看到一些地方底层现状所反映的社会生态。在如今的公共话语空间里，我们不时看到"屌丝"与"蚁族"之类的自嘲，与对"拼爹"和"二代"现象的讨论，这说明我们也对社会正义、利益关系的现状感同身受。但在我们自身尚未落入深渊时，我们往往只抱有幸运者高高在上的同情，并在不知不觉中呈现出普遍的弱势心态，在社会不公乃至个人权益受损时选择逃避和冷漠。事实上，社会中每个公民都与尘肺病农民工休戚与共，他们的命运也是我们的命运。每个人的痛苦都是社会的苦难，只要还有人在承受痛苦，只要还有人在贫困中挣扎，我们也无法岁月静好。

在此，我们呼吁全社会一起伸出援手，共同解决尘肺病问题。

要实现这一目标，必须救助、预防并重，政府担责先行。

第一，在病痛已经发生的当下，我们的首要任务不是追责，而是尽快尽力救助这些身患重病的农民工兄弟。这不仅是因为农民工打工经历复杂，追踪在哪个企业患病几乎不可能，更因为尘肺病的成因有着多重结构因素和制度背景：个人与企业法律意识的淡薄、社会法律制度的不完善与有些相关部门的不作为等，都是这一群体悲剧的原因。所以追责既难以实现，也于事无补，在确认一纸劳动合同关系的繁琐而漫长过程中，有多少鲜活的生命已经离我们远去。对于这一挣扎于生命线上的群体，救助的进程必须加快进行！这既包括医疗救助以保障其基本的生命安全，也包括经济和社会性救助，例如帮助其维持家庭基本生计，解决子女教育等问题。

第二，要从源头上扼制尘肺病的发生，防患于未然。早在1995年国际劳工组织（ILO）和世界卫生组织（WHO）职业卫生联合委员会在日内瓦提出了一项"ILO/WHO全球消除矽肺的国际规划"，其中就言明"当今社会已经拥有与这种可预防性疾病做斗争的各种必要的办法，没有任何借口再允许矽肺在全世界继续存在"❶。可是二十多年过去了，距中国尘肺病大规模爆发的2009年也有十年了，尘肺病尚未从源头上杜绝，近年来还呈现出多年积累后的集中发病趋势。在不同地区、不同职业中，调查者仍不时看到没有任何防护措施的农民工在粉尘污染环境中工作。有诸多疏漏亟待弥补：劳动用工制度的完善，劳动保护相关法律条例的健全，政府监督与执法力度的加强，企业社会责任的落实，相关安全保护知识的普及，农民工从业者的安全意识教育……只有正视尘肺病农民工群体的现状，从根本上改善他们的工作条件并保障其生产工作的安全，使整个社

---

❶ ILO/WHO：全球消除矽肺的国际规划（1995年4月）。

会对尘肺病防治具备正确的观念，类似的悲剧才不会重演。

第三，政府部门、社会组织与公众联动共助。公众的关心、社会的参与对救助和防范尘肺病至关重要，"大爱清尘"作为救助尘肺病农民的专业性公益组织已经付出巨大的努力，取得诸多成效，同时为公众做出了良好的表率。但相较于尘肺病发生的规模和严峻程度仍是杯水车薪、九牛一毛。全面解决尘肺病问题，根本出路在于推动国家政策性救助和制度性遏制尘肺病的发生。在这一过程中，政府必须也应该发挥带领性作用。显而易见，这是政府应该承担之任。无论是救助还是防御，都需相关制度的变革与法律调整，社会力量的介入在发挥辅助性作用的同时，也致力于推动相关法律法规的建设。在推动和强调经济发展的同时眷顾底层群体的生存权利和发展权益，也是政府本应担负之责。在 2018 年 7 月的一份报告中我们亦曾向政府提出如下建议：一是尽快建立国家级尘肺病救助制度，设立国家级的尘肺病专项诊治救助基金；二是建立生命救援通道，降低救助门槛，改变当事人必须首先提供劳动关系证明文件的规定；三是在尘肺病高发区域，中央政府和地方政府合作联动，中央政府加大投入，地方政府切实履责；四是在全国范围内建立和完善统计网络，以实施切实有效的救治和帮扶。我们相信，当政府切实履责和社会共同参与之时，尘肺病农民工的问题才能得到有效解决，尘肺之痛和生存之困的悲剧才不会在这片大地上重演。

最后，这份口述史的意义远不止于呼吁。在倡导大家共担责任的同时，我们还希望每一位读者能进一步思考：什么是真正的发展？我们对"发展"这一词汇并不陌生，"发展是硬道理"的口号亦成为经济与政治改革的大政方针。它为我们描摹了一个更为美好的社会前景，所以在奔向未来的道路上，一些社会问题与群体苦难有可能被忽略。"发展"一词天然带有的正当性与合法性，容易使人丧失对这一话语的反思能力。人们从不细究这一词语的内涵，也来不及停下来思考一下：什么是真正意义上的发展？到底是谁的发展？发展的本质是什么？在这本口述史中，我们可以看到现有的"发展"并不必然意味着"富裕""美好"，将人视作纯粹的劳动力，忽视了个体权益与幸福的发展不是真正的发展。实现发展是正视与解决现有的社会问题，维护每个人生而为人的权利。只有真正做到以人为本，将人民的幸福视为发展的目标，我们才能实现真正的发展。希望这一调查研究带给读者的，不仅是 12 个尘肺病农民工兄弟个体生命和家庭的故事，不仅是尘肺病患者农民工痛苦的描述，更有对我们所共生的社会和我们共同未来的深思。尘肺之痛是全社会之痛！我们与他们同呼吸，共命运！

2018 年 10 月 19 日于北京清华园

2019 年 8 月 19 日修改于北京清华园

附录：
尘肺病防治手册

本附录为粉尘工作场所的劳动者和已经患病的人群提供了一些尘肺病防治贴士，内容主要来源"大爱清尘"整理的尘肺病相关介绍、健康手册和志愿者手册以及中国煤矿尘肺病治疗基金会的《尘肺病防治知识读本》❶等资料。如需要更详细的内容，可以查阅《尘肺病防治知识读本》原书或直接联系"大爱清尘"基金会。

一、尘肺病基本情况与预防

Q：什么是尘肺病？

尘肺病是人在职业活动中长期吸入生产性矿物粉尘，使肺组织发生一种像皮肤"结疤"一样的纤维性变化，这种变化可使肺功能受到损害，严重时可使患者丧失劳动能力。我们把这类病变都叫作尘肺病。尘肺的类型、病变的发生和发展情况因吸入粉尘的种类与性质的不同也各有不同，但只有一个发病原因，即在生产环境中长期吸入无机矿物性粉尘。因此，控制作业环境中的生产性粉尘浓度或采取有效的个人呼吸防护措施可避免或减少尘肺病的发生。

---

❶ 中国煤矿尘肺病治疗基金会. 尘肺病防治知识读本 [M]. 北京：中国科学技术出版社，2006.

Q：尘肺病的危害有哪些？

尘肺病是一种危害严重的职业病，容易诱发尘源性支气管炎、支气管扩张、肺结核、肺气肿、肺部感染及肺部肿瘤等并发症，疾病晚期可由于呼吸循环系统功能衰竭而危及生命。目前对尘肺病还没有根治方法，尤其到了疾病晚期，死亡率极高，但是通过对症治疗、控制并发症、康复训练和营养支持，大多数尘肺病患者可以达到缓解病情、延缓进展、提高生活质量的目的。

Q：哪些行业和工种容易引起尘肺病？都有哪些种类的尘肺病？

（1）煤矿及其他矿山的开采：主要作业工种有掘进、爆破、采煤、支柱、运输等；

（2）金属冶炼：如矿石的粉碎、筛分和运输等；

（3）机械制造业：如铸造的配砂、造型、铸件的清砂、喷砂以及电焊作业等；

（4）建筑材料行业：如耐火材料、玻璃、水泥、石料破碎、碾磨、筛选、拌料以及石棉的运输和纺织等；

（5）公路、铁路、水利建设：如开凿隧道、爆破等。

因行业与工种不同，从业者容易患上的尘肺病类型也并不一样。我国《职业病分类和目录》规定的职业病名单中列出的法定尘肺病有 13 种：矽肺、煤工尘肺、石墨尘肺、炭黑尘肺、石棉尘肺、滑石尘肺、水泥尘肺、云母尘肺、陶工尘肺、铝尘肺、电焊工尘肺、铸工尘肺，还有根据相关诊断标准可以诊断的其他尘肺。其中矽肺与煤矿工人尘肺是我国发病人数最多、情况最严重的尘肺病种类。

Q：矽肺是怎样引起的？

很多人将粉尘作业引起的尘肺病都称为矽肺，但二者并不等同，矽肺是尘肺病的主要类型之一。在矿岩开采过程中，地表岩石会产生大量含硅粉尘，这些有毒的含硅粉尘被工人吸入，集聚到支气管淋巴结、刺激肺部组织发炎"结疤"，也就是所谓的矽肺，当肺部广泛"结疤"时，人就无法进行正常的呼吸和气体交换了。

各种金属矿山的风钻凿岩工、放炮工、支柱工、运输工等最容易得矽肺，另外还有开凿隧道、地质勘探的风钻工、煤矿井下的掘进工，耐火材料和石粉加工生产中原料破碎和过筛等工种，玻璃和陶瓷制造行业的配料，以及机械铸造行业的喷砂和清砂等工种，也都是比较容易发生矽肺的工种。

Q：什么是煤矿工人尘肺（煤工尘肺）？

煤矿工业是我国主要的能源产业之一，煤矿井生产作业主要包括岩石掘进和采煤两个工种，第一种作业环境中岩石粉尘（含硅粉尘）较多，容易诱发矽肺，而第二种作业环境中的工人主要接触煤尘，更容易患上煤尘肺或煤肺；但是由于我国绝大多数煤矿发展方式粗放，分工并不明确，大部分煤矿工人要兼顾岩石掘进和采煤，导致他们患上了矽肺和煤肺混合的混合性尘肺，也就是俗称的煤矿工人尘肺。

Q：得尘肺病需要多长时间？

自开始粉尘作业起，一直到发现尘肺的时间，叫作发病工龄。对同一个人而言，吸入粉尘二氧化硅含量越高、粉尘浓度越大、时间越长，累计接尘量越多，患病的概率越大，病情越严重。下面列出了各类尘肺病的发病工龄大致范围，见表1。

表1 尘肺类型与一般发病工龄

尘肺类型	一般发病工龄	尘肺类型	一般发病工龄
矽肺	5~15年	云母尘肺	10年以上
石棉肺	10~15年	滑石尘肺	20~30年
煤工尘肺	15~20年	电焊工尘肺	15~25年
铝尘肺	15~20年	陶工尘肺	一般大于30年
水泥尘肺	20年以上	石墨尘肺	15~20年
炭黑尘肺	10年以上	铸工尘肺	相对其他类型尘肺更长

资料来源："大爱清尘"提供的尘肺病相关知识介绍

Q：脱离粉尘作业后就不会患尘肺了吗？

不一定，如果工人曾多年接受高浓度含硅粉尘的作业环境，在工人脱离粉尘作业后，有害粉尘仍在损伤肺部组织，工人可能会在数年甚至数十年后患上尘肺病，这一类被称为晚发型尘肺。但是和同样条件下未脱离粉尘环境的工人相比，其发病症状要晚得多也轻得多。

Q：还有哪些因素会影响发病工龄和患病症状？

除了工龄、工种、粉尘种类和保护措施之外，年龄、性别、营养状况、生活习惯和个人卫生也会影响从业者的抵抗力。一般说来，妇女、不注意个人防护和身体健康状况较差，尤其是患有心脏和肺部疾病的工人是更容易患尘肺病的人群，更应该避免粉尘作业环境，或在工作过程中加强防护，提高警惕。而不满18周岁、患有活动性肺结核、慢性阻塞性肺病、慢性间质性肺病与伴肺功能损害疾病的人群属于有职业禁忌证的劳动者，不适合从事粉尘作业。

Q：作为工人个体，该怎样采取防尘措施？

依据法律规定，矿山和工厂等用人单位必须采取湿式作业、通风除尘等保护措施，除此之外，充分的个体防护被公认为是防尘工作中最重要的一环。粉尘作业工人应做到以下这几点来避免粉尘的危害。

（1）从事粉尘作业的劳动者应学习、掌握和遵守岗位操作规程，了解作业场所存在的粉尘危害因素和可能造成的健康损害。

（2）定期对通风除尘设备、设施进行检查，保证其处于良好状态，如果设备、设施发生异常，要及时报告，进行维护。

（3）佩戴专门的防尘口罩（分为带换气阀和不带换气阀两大类）、防尘面具、防尘安全帽或防尘服，而不是简单的棉纱或纱布口罩。此外，应及时更换防尘口罩及其内部的滤料，保证过滤效果。根据《中华人民共和国职业病防治法》，用人单位有义务为劳动者提供个人使用的职业病防护用品。

（4）在上岗前、在岗期间和离岗后都要参加用人单位安排的职业健康检查。在粉尘浓度高、游离二氧化硅含量高、尘肺病高发的作业环境，如煤矿等矿石开采场所，工人应1~2年检查一次；在粉尘浓度较低、游离二氧化硅含量少、尘肺病症状轻且发展缓慢的厂矿，如铸造、陶瓷等行业，可以2~3年检查一次；其他更不易发病的行业甚至可以3~5年检查一次。但如果怀疑自己患有尘肺病，则应1~2年进行一次检查。

定期检查的项目，应包括了解职业接触情况、症状和病史，除了一般体格检查，还有拍摄高千伏X光胸片、进行肺功能检查等，必要时则再做其他项目的检查。

（5）勤洗澡，勤换衣，注重个人卫生，适当进行户外运动，增强体质，预防呼吸道感染病。

（6）戒烟，适当多吃富含蛋白质和维生素C的食物，如肉、蛋、豆类和新鲜的水果蔬菜，加强身体抵抗力。

Q：用人单位在职业病防治中承担哪些责任？

根据《中华人民共和国职业病防治法》的规定，用人单位应当建立、健全职业病防治责任制,对本单位产生的职业病危害程度责任,明确用人单位的主要负责人对本单位的职业病防治工作全面负责。

(1) 用人单位必须与劳动者依法签订劳动合同,并参加工伤保险;

(2) 用人单位在职业病防治中应采取相应的职业病防治管理措施;

(3) 用人单位应当保障职业病防治所需资金投入,不得挤占、挪用,并对因资金投入不足导致的后果承担责任;

(4) 用人单位必须采用有效的职业病防护设施,并为劳动者提供个人使用的职业病防护用品;

(5) 用人单位应当优先采用有利于防治职业病和保护劳动者健康的新技术、新工艺、新设备、新材料,逐步替代职业病危害严重的技术、工艺、设备、材料;

(6) 产生职业病危害的用人单位,应当在醒目位置设置公告栏,公布有关职业病防治的规章制度、操作规程、职业病危害事故应急救援措施和工作场所职业病危害因素监测结果;

(7) 对可能发生急性职业损伤的有毒、有害工作场,用人单位应当设置报警装置,配置现场急救用品、冲洗设备、应急撤离通道和必要的泄险区;

(8) 用人单位应当实施由专人负责的职业病危害因素日常监测,并确保监测系统处于正常运行状态;

(9) 用人单位对采用的技术、工艺、设备、材料,应当知悉其产生的职业病危害,对有职业病危害的技术、工艺、设备、材料隐瞒其危害而采用的,对所造成的职业病危害后果承担责任;

(10) 用人单位与劳动者订立劳动合同时,应将工作过程中可能产生的职业病危害及其后果、职业病防护措施和待遇等如实告知劳动者并在劳动合同中写明，不得隐瞒或欺骗；

（11）用人单位的主要负责人和职业卫生管理人员应当接受职业卫生培训，遵守职业病防治法律、法规，依法组织本单位的职业病防治工作；

（12）对从事接触职业病危害作业的劳动者，用人单位应当按照国务院安全生产监督管理部门、卫生行政部门的规定组织上岗前、在岗期间和离岗时的职业健康检查，并将检查结果书面告知劳动者，职业健康检查费用由用人单位承担；

（13）用人单位应当为劳动者建立职业健康监护档案，并按照规定的期限妥善保存；

（14）用人单位按照职业病防治要求，用于预防和治理职业病危害、工作场所卫生检测、健康监护和职业卫生培训等费用，按照国家有关规定，在生产成本中据实列支；

（15）用人单位和医疗卫生机构发现职业病患者或者疑似职业病患者时，应当及时向所在地卫生行政部门和安全生产监督管理部门报告。确诊为职业病的，用人单位还应当向所在地劳动保障行政部门报告。接到报告的部门应当依法做出处理；

（16）用人单位应当及时安排对疑似职业病病人进行诊断；在疑似职业病患者诊断或者医学观察期间，不得解除或者终止与其订立的劳动合同，疑似职业病患者在诊断、医学观察期间，费用由用人单位承担；

（17）用人单位应当保障职业病患者依法享受国家规定的职业病待遇。用人单位应当按照国家有关规定，安排职业病患者进行治疗、康复和定期检查；

如果劳动者发现用人单位在前期预防上不履行相应责任，可以通过工会对用人单位进行监督和解决问题。

Q：作为劳动者，该如何利用职业健康监护档案？

职业健康监护档案是健康监护全过程的客观记录资料，是系统地观察劳动者健康状况的变化、评价健康损害的依据，也是劳动者一旦患病之后进行尘肺病诊断和维护自身权益的重要依据。职业健康监护档案由用人单位建立和保存。

劳动者职业健康监护档案包括：劳动者的职业史、既往史、职业病危害接触史；职业健康检查结果及处理情况；职业病诊疗等健康资料。

劳动者或劳动者委托代理人有权查阅劳动者个人的职业健康监护档案。用人单位不得拒绝或提供虚假档案材料。劳动者离开用人单位时，有权索要本人职业健康监护档案复印件，用人单位应当如实、无偿提供，并在所提供的复印件上签章。

Q：劳动者还享有哪些职业卫生保护权利？

（1）获得职业卫生教育、培训；

（2）获得职业健康检查、职业病诊疗、康复等职业病防治服务；

（3）了解工作场所产生或者可能产生的职业病危害因素、危害后果和应当采取的职业病防护措施；

（4）要求用人单位提供符合防治职业病要求的职业病防护设施和个人使用的职业病防护用品，改善工作条件；

（5）对违反职业病防治法律、法规以及危及生命健康的行为提出批评、检举和控告；

（6）拒绝违章指挥和强令进行没有职业病防护措施的作业；

（7）参与用人单位职业卫生工作的民主管理，对职业病防治工作提出意见和建议。

二、尘肺病的诊断、治疗与赔偿申请

Q：尘肺病患者有哪些临床表现？

尘肺病患者的临床表现主要有咳嗽、咯痰、胸痛、呼吸困难四大症状，此外一些患者可有喘息、咯血以及某些全身症状。早期尘肺患者咳嗽不明显，但随着病程的进展，咳嗽可明显加重。特别是合并慢性支气管炎或合并肺部感染者，咳嗽会非常严重。吸烟患者咳嗽较不吸烟者明显。尘肺病患者即使在咳嗽很少的情况下，也会有咳痰。

煤工尘肺病患者痰多为黑色，其中可明显地看到有煤尘颗粒。如合并肺内感染及慢性支气管炎，痰量则明显增多，痰呈黄色黏稠状或块状，常不易咳出。几乎每个尘肺病患者或轻或重有胸痛，其中可能以矽肺和石棉肺病患者更多见。胸痛的部位不固定，多为局部性；疼痛性质多不严重，一般为隐痛、胀痛、针刺样痛等。呼吸困难和病情的严重程度相关。肺部合并症的发生可明显加重呼吸困难的程度和发展速度，并可累及心脏，发生肺源性心脏病。

Q：到哪里进行职业性尘肺病诊断？需要准备什么材料？

根据《中华人民共和国职业病防治法》第四十四条规定，劳动者可以在用人单位所在地、本人户籍所在地或者经常居住地依法承担职业病诊断的医疗卫生机构进行职业病诊断（可访问各地政府网站，查看该地区具有职业病诊断资格的医疗卫生机构名单）。

职业性尘肺病诊断需要以下资料：（一）劳动者职业史和职业性粉尘接触史（包括在岗时间、工种、岗位）；（二）劳动者职业健康检查结果；（三）工作场所空气中粉尘检测结果；（四）与诊断有关的其他资料，比如既往史。

Q：得了尘肺病该如何治疗？

由于尘肺病目前没有有效的治愈方法，因此尘肺病治疗原则是预防并积极治疗并发症，延缓病情进展，减轻患者痛苦，延长患者寿命，提高生活质量。要达到上述目的临床上应以综合治疗为主：

（1）避免粉尘接触。一般来说，累计接触粉尘的量越多尘肺病越严重。因此应尽量避免进一步粉尘暴露，如果不能脱离生产性粉尘作业，应该在车间设置除尘设备、佩戴防尘口罩并定期更换（或更换滤芯）。家庭烧饭、取暖使用生物燃料产生的煤尘、煤灰、烟尘等，是生活粉尘重要来源，也尽力避免接触。

（2）戒烟（包括二手烟）。烟草燃烧释放多种对人体有害的化学物质，如尼古丁、烟焦油、苯并芘、亚硝胺以及有害金属等，不但大大增加肺癌风险，同时破坏支气管黏膜，并减弱肺泡巨噬细胞的功能，使肺和支气管容易发生感染。

（3）合理饮食，营养支持。每日摄取的食物提供足够热量及各种必须营养素。均衡的营养是提高免疫力和预防肺部感染的前提。食物宜多样化，不偏食，不暴饮暴食，同时注意少糖、少盐、少油。

（4）作息合理，适当运动。建立良好的作息习惯，不熬夜，每天10~30分钟运动，运动量因人而异，量力而行，散步、慢跑、太极拳、健身操……形式不一而足。注意运动不宜过量，不应挑战生理极限，过于劳累增加机体负担有弊无利。

（5）对症治疗，减轻痛苦。有明显咳嗽、咳痰、气喘症状，影响生活工作的患者，即应使用化痰、镇咳、平喘等药物控制症状，缓解病情。

（6）治疗并发症。肺结核是尘肺病快速进展和死亡的重要原因，有很好的治疗效果和治疗价值，应配合医生完成全程治疗。其他常见的并发症包括肺部感染、气胸、胸膜炎、肺心病、呼吸衰竭等。

积极治疗并发症、降低急性加重频率，减轻发病严重程度是尘肺病治疗中的重点。

（7）定期复查、随访。即使没有明显不适或原有症状并未加重，也应该每1~2年复查胸部CT及肺功能，及时发现并积极治疗并发症。

此外，尘肺病患者还应注意调整心态，正视疾病。尘肺病是一种慢性肺部疾病，虽不能完全治愈，但通过积极的医学治疗、调整生活方式，大部分患者能够达到缓解病情、延缓进展的效果。

Q：劳动者被确诊为职业性尘肺病后如何获得职业病赔偿待遇？

2011年1月实施的修订后《工伤保险条例》第十七条、第二十条规定，职工被诊断、鉴定为职业病，所在单位应当自诊断、鉴定为职业病之日起30日内，向统筹地区社会保险行政部门提出工伤认定申请。遇有特殊情况，经报社会保险行政部门同意，申请时限可以适当延长。用人单位未按规定提出工伤认定申请的，患病职工或者其直系亲属、工会组织，在职工被诊断、鉴定为职业病之日起1年内，可以直接向用人单位所在地统筹地区社会保险行政部门提出工伤认定申请。用人单位未在规定的时限内提交工伤认定申请，在此期间发生符合规定的工伤待遇等有关费用由该用人单位负担。社会保险行政部门应当自受理工伤认定申请之日起60日内做出工伤认定的决定，并书面通知申请工伤认定的职工或者其近亲属和该职工所在单位。

职工发生工伤，经治疗伤情相对稳定后存在残疾、影响劳动能力的，应当进行劳动能力鉴定。劳动能力鉴定是指劳动功能障碍程度和生活自理障碍程度的等级鉴定。上述《工伤保险条例》第二十三条规定，劳动能力鉴定由用人单位、工伤职工或者其近亲属向设区的市级劳动能力鉴定委员会提出申请，并提供工伤认定决定和职工工伤医疗的有关资料。

我国"职业病防治法"规定，用人单位应当保障职业病患者依法享受国家规定的职业病待遇。用人单位应当按照国家有关规定，安排职业病患者进行治疗、康复和定期检查。用人单位对不适宜继续从事原工作的职业病患者，应当调离原岗位，并妥善安置。职业病患者的诊疗、康复费用，伤残以及丧失劳动能力的职业病患者的社会保障，按照国家有关工伤保险的规定执行。职业病病人除依法享有工伤保险外，依照有关民事法律，尚有获得赔偿的权利的，有权向用人单位提出赔偿要求。劳动者被诊断患有职业病，但用人单位没有依法参加工伤保险的，其医疗和生活保障由该用人单位承担。

需要进行诊断、认定和赔偿申请的劳动者可以参照"大爱清尘"提供的职业病诊断与申请赔偿的流程图，（见图1）：

Q：如果患者的用人单位已经不存在，或者无法确认劳动关系该怎么办？

根据《中华人民共和国职业病防治法》第六十一条，用人单位不存在或无法确认劳动关系的尘肺病患者可以向地方人民政府医疗保障、民政部门申请医疗救助和生活方面的救助。在我国目前的防治工作开展中，不同省市颁布了不同的针对尘肺患者的救助政策，需要劳动者个体平时多加关注。此外，劳动者可以积极联系"大爱清尘"，获取一些直接救助、诊断和申请方面的建议。

Q："大爱清尘"能为尘肺病农民工提供什么样的帮助？

目前，"大爱清尘"针对贫困的尘肺病农民开展以下救援项目：医疗救治、制氧机发放、子女助学、康复项目、创业、助困、救心。其中，最为基础的"医疗救治"项目能为每一个尘肺病农民工一次性提供最高一万元的救治费用。并且，还将在生死线上艰难挣扎的尘

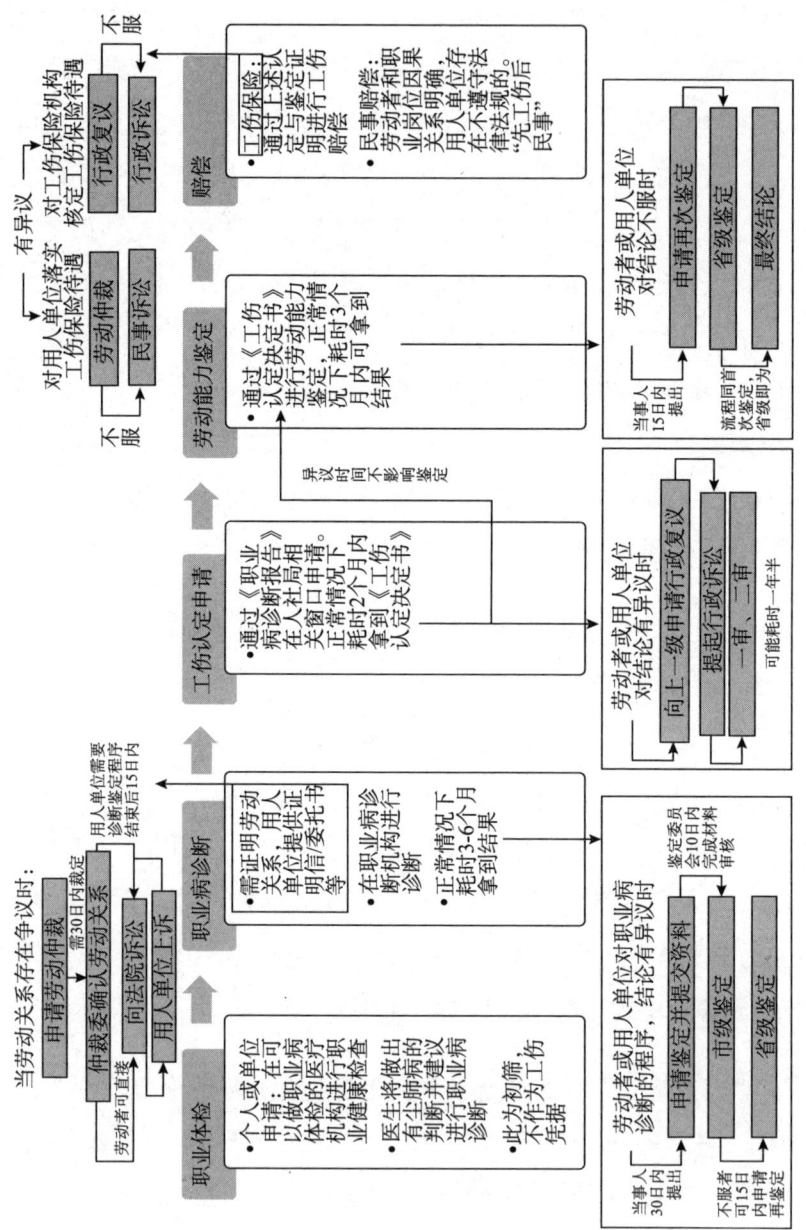

图1 职业病诊断与申请赔偿流程（来源："大爱清尘"政策研究中心）

肺病农民送进"大爱清尘"定点合作医院，使其获得及时的治疗。若需了解各项目具体内容与申请流程，可访问"大爱清尘"官方网站（http：//www.daaiqingchen.org/）。